刘鹤　著
麦芽文化　绘

藏在历史里的古诗词

1

四川教育出版社

前　言

十几年前填报高考志愿时，我在中文专业和历史专业之间犹豫了很久。最终，父亲以“读史使人明智”为由为我选定了历史专业，这为我后来的工作和事业奠定了基础。

记得在学习古诗词时，我的脑海中常常跳出这样一些问题：“南朝四百八十寺”，南朝真的有四百八十座寺庙吗？为什么要建那么多寺庙呢？大诗人李白为什么要作诗赠予汪伦呢？戍守边关的将士们是不是对葡萄有所偏爱，否则怎会有“葡萄美酒夜光杯”的名句？沉浸在婉转的韵律和顿挫的节奏中，这些疑问变得越来越强烈，吸引着我去寻找答案。我相信，很多大朋友、小朋友和曾经的我都有过同样的困惑，而唯有走近诗（词）人，走进历史，才能找到答案。这套书也由此诞生。

中国古典诗词不仅是浓缩的汉语精华，充满韵律感、节奏感，散发着迷人的魅力，其中深藏的诗（词）人命运、时代背景、社会发展状况等更是吸引着一代又一代人

去探索。是的，我们传承的不仅仅是语言艺术，更是民族文化、民族精神。这套书并不拘泥于单纯的诗词教学，而是和孩子们一起回到古代，回到历史当中，回到创作的场景当中，看诗（词）人所看，思诗（词）人所思，悲诗（词）人所悲，乐诗（词）人所乐。走近诗（词）人，了解他们，融入他们，进而去见证一首首伟大作品的诞生，去感受一个个时代的兴衰。这四本书以诗（词）人的生平和古诗词的创作背景为线索，再现古诗词背后的历史故事。我始终相信，受古诗词滋养的孩子是被生活和命运垂青的幸运儿。他们不仅有着表达美的技能、创造美的能力，而且拥有纵观千年的豁达胸襟和淡看浮沉的从容与睿智。

如果你是学龄前的小朋友，你可以用此套书开启美妙的古诗词之旅。去吧，去看看那些有趣的人和有趣的事！

如果你是一名小学生，你可以将此套书立于案头。当你想学习古诗词时，翻开它们，走进诗（词）人的生活和情感，感受时代给予他们的自由或束缚！

如果你是一位古诗词爱好者，你可以将此套书置于床头。在每一个晨昏浸润于古诗词的美妙中，穿越于历史的浮沉间。

爱诗词，爱诗（词）人，更爱那些璀璨的时代。让我们带着这份深爱，一起走进历史，寻找藏在历史里的古诗词。我相信，你们一定会爱上这套书！

刘鹤

目　录

1. 入仕腐化的宰相——

李绅

姓名：李绅

籍贯：亳州（今属安徽）

生卒年：772—846

字：字公垂

名诗：《悯农》等

名句：谁知盘中餐，
　　　粒粒皆辛苦。

幼年：丧父

青年：作《悯农》诗获得赞赏，与好友倡导新乐府运动

中年：差点被李逢吉陷害，卷入牛李党争

晚年：拜相

75岁：病逝扬州

锄禾日当午，
汗滴禾下土。

寥寥数笔，一个穿着粗布衣衫、面容枯槁的老农形象跃然纸上。他在烈日当头的正午，挥动着锄头，汗如雨下。在我们的想象中，作者李绅似乎就是这位老农的化身。

李绅祖籍安徽亳州，祖上是山东士族。后来因为父亲去世，家里变得十分贫困，母亲只能送他到惠山佛寺中去读书。

李绅做的两首《悯农》诗，获得了吕温赏识。之后，他参加科举考试。在仕途中，他结识了两位非常难得的好友——元稹和白居易。

知识小达人

新乐府运动

白居易、元稹、李绅等人倡导写反映民间疾苦的、通俗易懂的诗歌。这一文学运动被称为“新乐府运动”。

李绅赴长安任校书郎，与元稹、白居易共倡新乐府运动，并作有《乐府新题》二十首。

元稹的《田家词》、白居易的《卖炭翁》，也都是新乐府运动时期的名作。

这年夏天，李绅回故乡亳州探亲访友，遇到了浙东节度使李逢吉。李绅看到田野里的农夫，便随口吟了之前写的《悯农》诗。李逢吉一听，便将诗记下来，想参他一本。

李逢吉将李绅的诗上报给朝廷。值得庆幸的是，皇帝并没有治李绅的罪。李绅虽然没有因为《悯农》诗被处罚，但是之后却被卷入了一场以李德裕为首的李党和以牛僧孺为首的牛党的争斗。李绅时而被重用，时而被贬谪，他的人生犹如漂浮在海上的一叶小舟。

知识小达人

粟

俗称谷子，是我国古代重要的粮食作物。先秦时，我国的粮食种类不多，粟是那时候种植较多的谷物。

洛阳城见梅迎雪，
鱼口桥逢雪送梅。
剑水寺前芳草合，
镜湖亭上野花开。
江鸿断续翻云去，
海燕差池拂水回。
想得心知近寒食，
潜听喜鹊望归来。

李绅晚年入京拜相，居相位四年。后来，他病逝于扬州，终年七十五岁。

知识小达人

毁誉参半

李绅飞黄腾达后，丧失了他曾在诗歌里表现出的悯农之心，变成了一个花天酒地、滥施淫威的腐官。随着官职的升高，李绅“渐次豪奢”。

mǐn nóng qí yī

悯①农（其一）

［唐］ 李绅

扫码点读

chūn zhòng yí lì sù
春 种 一 粒 粟②，
qiū shōu wàn kē zǐ
秋 收 万 颗 子③。
sì hǎi wú xián tián
四 海④ 无 闲 田⑤，
nóng fū yóu è sǐ
农 夫 犹⑥ 饿 死。

注释

①悯：怜悯，这里有同情的意思。

②粟：谷子，这里泛指粮食的种子。

③万颗子：形容很多粮食。

④四海：指全国各地。

⑤闲田：无人耕种的荒地。

⑥犹：仍然。

大意

春天播种下一粒种子，到了秋天就可以收获很多的粮食。全国各地没有一块无人耕种的荒地，可仍然有种田的农夫被饿死。

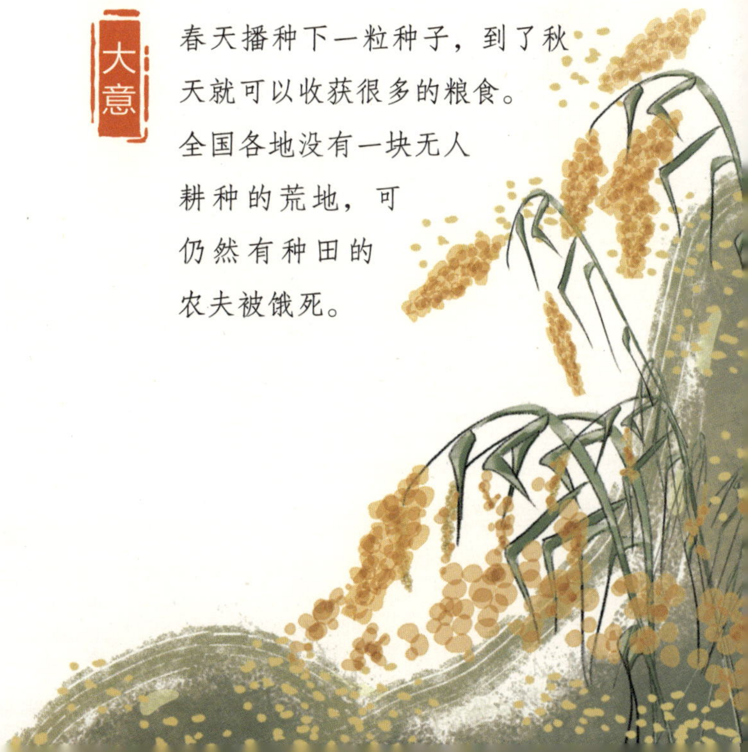

扫码点读

mǐn nóng　qí èr

悯农（其二）

［唐］李绅

chú hé rì dāng wǔ
锄禾①日当午②，

hàn dī hé xià tǔ
汗滴禾下土。

shuí zhī pán zhōng cān
谁知盘中餐，

lì lì jiē xīn kǔ
粒粒皆③辛苦。

注释

①锄禾：为庄稼锄草松土。

②当午：正午，中午。

③皆：全，都。

大意

农民在正午太阳的暴晒下为庄稼锄草松土，汗水滴落到生长着禾苗的泥土里。

有谁知道，我们餐盘中美味的食物，每一粒都是农民历尽千辛万苦才种出来的。

jī rǎng gē
击壤①歌

扫码点读

[先秦] 佚名

rì chū ér zuò， rì rù ér xī
日出而作②，日入而息③。

záo jǐng ér yǐn， gēng tián ér shí
凿井④而饮，耕田而食。

dì lì yú wǒ hé yǒu zāi
帝力⑤于我何有⑥哉！

注释

①壤：一种古代玩具，用木头做成，前宽后窄，形如鞋子。

②作：劳动。

③息：休息。

④凿井：挖掘水井。

⑤帝力：指尧帝的统治。

⑥何有：有什么（关系）。

大意

太阳出来时就去田地劳作，太阳下山时就回家休息。

凿开一口井就有水喝，自己种庄稼就有饭吃。

这样的日子多么惬意自在呀，尧帝的统治和我没什么关系。

闲话历史

我国古代社会阶层的排序大致为士、农、工、商，即知识分子、农民、工人和商人。农民的地位仅在知识分子之后，实属不低。

在古代，虽然农民地位不低，但他们的生活实际上却很困苦。那时候没有机器，也没有农药，遇上灾荒时，农民便很可能颗粒无收，连饭都吃不上。如果朝廷再增加税收，农民的生活会更加苦不堪言。

知识小达人

击壤

击壤是古代的一种投掷游戏，深受农民的喜爱。参与者把一块木片侧放到地上，在三四十步外用另一块木片投掷，击中了就算获胜。

2. 风云南北朝——

南朝 皇帝

姓名：南朝皇帝

籍贯：众多

生卒年：420—589

朝代：南朝宋、南朝齐、南朝梁、南朝陈

名诗：《江南春》

名句：南朝四百八十寺，多少楼台烟雨中。

420年 刘裕建立南朝宋 开启南北朝对峙时代

479年 萧道成建立南朝齐

502年 齐和帝将皇位禅让给萧衍，萧衍建立南朝梁

527年 萧衍第一次出家，此后他一共出家四次

557年 陈霸先建立南朝陈

阳关万里道，
不见一人归。
唯有河边雁，
秋来南向飞。

东汉末年，三国鼎立，群雄纷争。司马家族权倾朝野，司马昭之子司马炎篡权夺位，建立西晋。之后西晋经历了“八王之乱”，中华历史上出现了一段黑暗的时期，大量北方士族“衣冠南渡”。317年，司马睿建立东晋，开启了南北对峙的新篇章。

故事就从这里开始。

有一个叫刘裕的贫穷少年，加入了东晋的军队。他屡立战功，逐渐受到重用，成了将领。420 年，刘裕废晋恭帝司马德文，代晋自立，改国号为“宋”，史称“刘宋”。

知识小达人

南朝

420 年至 **589** 年，我国南方地区先后建立了宋、齐、梁、陈四个政权，共计一百六十九年，历史上将这四朝统称为南朝。

建立刘宋政权后，刘裕全面启用有才华的寒门庶族。他在位时，出现了“寒人掌机要”的政治局面。这是当时政治的进步。

后来，萧道成取代刘宋自立，建立了南朝齐，刘宋政权灭亡。尽管刘宋王朝仅仅存续了五十九年，但它是南朝四个朝代中存在时间最长、疆域最大、国力最强的政权。

知识小达人

门阀士族

东晋时期，只有士族才有参与政治的权利，士族让他们的孩子继承他们的地位和财富，构成了强大的社会政治势力。

南朝齐的开国皇帝萧道成在位时很有作为，可惜他只当了三年皇帝就去世了。在南朝齐存续的二十三年里，历经了七个皇帝，每个皇帝平均执政时间只有三年多，可见当时斗争的激烈。

502 年，齐和帝通过“禅让”的形式将皇位让给了当时的将军萧衍。萧衍继位后改国号为“梁”，建立了南朝梁。

知识小达人

禅让制

禅让制就是皇帝将皇位让给别人。将皇位让给异姓的人，称为“外禅”，这会导致朝代更迭，比如萧衍得到皇位后建立了南朝梁；将皇位让给同姓亲属，称为“内禅”，让位者在让位后通常被称为“太上皇”。

不得不说，萧衍继位的呼声在当时是很高的，因为他确实能力出众，文善琴棋书画，武能领兵作战。他在位的四十多年里，国家经济得到发展，政局大都比较稳定。

知识小达人

萧衍有多少著作？

据《梁书·武帝纪》载，萧衍的著作极多。《隋书·经籍志》中载有《梁武帝集》二十六卷，还有《梁武帝诗赋集》二十卷、《梁武帝杂文集》九卷等。

萧衍笃信佛法，并大肆发展佛教。他下令在全国范围内大建寺庙，广收僧人，使得南朝的寺庙在短短几十年间如雨后春笋般涌现。杜牧所说的“南朝四百八十寺”也主要指此时的现象。

知识小达人

南朝有多少寺庙?

杜牧诗中写的“四百八十寺”是虚指，为了符合诗词的格律。清朝刘世珩的《南朝寺考》中记载，南朝应该有二千八百四十六座寺院，仅南京一地就有七百多座。

萧衍亲自受戒，皈依佛门，自称“菩萨皇帝”。更让人震惊的是，他不顾大臣们的反对，四次抛弃皇帝的身份出家，去寺里吃斋念佛。

俗话说，国不可一日无君。大臣们只得按照当时的习俗，花费巨额钱财将他赎回。

晚年，萧衍的儿子们为争夺皇位的继承权，导致内部矛盾不断激化。548 年，萧衍的侄子萧正德勾结降将侯景发动叛乱，于第二年攻占建康，将萧衍囚禁在台城。萧衍在台城被活活饿死了。

557 年，陈霸先代梁称帝，建立了南朝的最后一个政权——陈。

扫码点读

jiāng nán chūn
江南春

[唐] 杜牧

qiān lǐ yīng tí lǜ yìng hóng
千里莺啼①绿映红，

shuǐ cūn shān guō jiǔ qí fēng
水村山郭②酒旗③风。

nán cháo sì bǎi bā shí sì
南朝四百八十寺，

duō shǎo lóu tái yān yǔ zhōng
多少楼台④烟雨⑤中。

不知道杜牧在创作这首《江南春》的时候，内心有没有为南朝的皇帝感到悲哀。

注释

①莺啼：莺的啼叫声。

②郭：外城。此处指城镇。

③酒旗：酒店门前高挂的作为标识的小旗。

④楼台：楼阁亭台。此处指寺院建筑。

⑤烟雨：细雨蒙蒙，如烟如雾。

大意

千里江南，黄莺啼声婉转，绿树红花相互映衬。临水的村庄，依山的城镇，到处都有迎风招展的酒旗。

南朝修建的许多寺院，如今有多少被遗留在这如烟如雾的细雨中。

闲话历史

萧衍才思敏捷，博通文史，为“竟陵八友”之一，所作诗赋不乏名作。后人评价萧衍：“历观古帝王，艺能博学，罕或有焉。”他善音律，精书法，在他的倡导下，南梁的文学艺术得到了很大的发展。

南朝时，中国禅宗的始祖达摩不远万里来到中国。相传，梁武帝派人专程将达摩迎到建康。达摩和萧衍对佛法的认识和理解有所不同，但达摩的“世间解脱”依然对萧衍触动很大，他后来四次舍身出家，可能都与这次会面有着不可分割的关系。

萧衍在位晚期，年岁增高，开始疏于政事。作为一国之君，他不思考怎么让老百姓安居乐业，结局可想而知。

3. 夹缝求存的隐者——

白居易

姓名：白居易

籍贯：太原（今山西太原西南）

生卒年：772—846

字号：字乐天，晚年号香山居士

代表作：《忆江南》等

名句：日出江花红胜火，

春来江水绿如蓝。

17岁 拜访顾况，凭借《赋得古原草送别》而名声大噪

29岁 中进士

35岁 作《长恨歌》

51岁 任杭州刺史，修六井，筑堤坝

75岁 葬于洛阳香山

是非不由己，祸患安可防。

使我千载后，涕泗满衣裳。

846 年的初秋，75 岁的白居易头发斑白，疾病交加。他抬起头看了看窗外，只见天地万物了无生机，世界一片混沌。这是知交好友刘禹锡离世的第四年，元稹离世的第十五年，自己挥毫写下《长恨歌》已有四十年，人生如梦，一切恍如隔世……

772 年，白居易出生于河南新郑。白居易出生之后不久，李正己割据河南十余州，战火烧得民不聊生。为躲避战乱，父亲白季庚把白居易送往宿州符离安居。白居易在这里度过了自己的童年时光。

白居易聪颖过人，读书也十分刻苦，有“神童”之称。

当时他有个青梅竹马的玩伴叫湘灵，他们互生情愫，却遭到白居易母亲的强烈反对，两人的事只好不了了之。白居易 17 岁时，进京拜谒当时的大诗人顾况，顾况一看“白居易”三个字便笑称：“长安米贵，居大不易！”随后顾况又看了他的诗，大为惊叹，又说：“有才如此，居亦何难！”顾况读到的正是那首《赋得古原草送别》。从此白居易名声大噪。

后来，白居易数次回乡，想娶湘灵为妻，但仍遭到母亲的阻挠。白居易不敢反抗母亲，决定等自己功成名就之后再提求娶心上人的事情，但是后来已经中了进士的自己还是没能拗过母亲。

无奈之下，他只能选择放弃。白居易用不娶亲与自己的母亲抗争，一直到35岁，他写下了寄托感情的《长相思》。

人言人有愿，
愿至天必成。
愿作远方兽，
步步比肩行；
愿做深山木，
枝枝连理生。

803 年，白居易与好友元稹一起被授予校书郎一职，从此命运之线将二人紧紧联系在了一起。无论是遭遇贬谪的事业低谷，还是亲人故去的脆弱关头，二人都相互陪伴，不离不弃，实为患难见真情的挚友。

35 岁的时候，白居易同好友陈鸿、王质夫同游仙游寺。三人聊起唐玄宗和杨贵妃的旧事，有感而发，于是白居易创作了《长恨歌》。白居易写到唐明皇痛失爱人，晚年孤寂的时候，诗中杨贵妃的身影中隐约闪现出自己年少恋人湘灵的模样。

在天愿作比翼鸟，
在地愿为连理枝。
天长地久有时尽，
此恨绵绵无绝期。

多年后，历经宦海沉浮的白居易累了，他毅然向皇帝请求去外地任职。于是，822年，51岁的白居易去了杭州当刺史，因为他实在讨厌那些朝廷里的官员整天斗来斗去。当长安那群朝廷官员忙着党争时，白居易早就放下了，他去了有着小桥流水、楼阁亭台的江南，过起了归隐的生活。

知识小达人

牛李党争

牛李党争是唐朝后期以牛僧孺、李宗闵为首的牛党和以李德裕、郑覃为首的李党之间的斗争。两党矛盾的产生既有个人恩怨的原因，也有政治立场对立的因素。这场斗争加重了朝廷的内耗，不利于当时的政治稳定和经济发展。

白居易带着家人从京城长安前往杭州。他们奔波了数月才到达杭州。一天傍晚，船在江中行驶，火红的夕阳倒映在江面上，十分漂亮；日落后，新月升起。白居易心情愉快，写下了一首《暮江吟》。

白居易见杭州有六口古井年久失修，便主持疏通了六口古井，解决了杭州百姓的农业用水和生活用水问题。后来他又看到西湖淤塞，农田干旱，便修堤蓄水，帮助百姓缓解旱灾所带来的危害。为了感念白居易，人们将他修建的堤称为“白公堤”。

白居易任杭州刺史期满，离任前，他将自己一部分官俸留下，给之后治理杭州的官员在公务上周转使用。

后来，虽辗转各地，但晚年时，白居易仍回到洛阳，长期住在香山，直至 846 年去世，终年 75 岁。这正像他自己所说："往时多暂住，今日是长归。"

扫码点读

jiāng nán

江南

汉乐府

jiāng nán kě cǎi lián
江南可采莲，

lián yè hé tián tián
莲叶何①田田②。

yú xì lián yè jiān
鱼戏莲叶间。

yú xì lián yè dōng
鱼戏莲叶东，

yú xì lián yè xī
鱼戏莲叶西，

yú xì lián yè nán
鱼戏莲叶南，

yú xì lián yè běi
鱼戏莲叶北。

注释

①何：多么。

②田田：莲叶长得茂盛相连的样子。

大意

江南水乡可以采莲，莲叶多么茂盛。

鱼儿在莲叶间嬉戏。

鱼儿在莲叶的东边游戏，鱼儿在莲叶的西边游戏，鱼儿在莲叶的南边游戏，鱼儿在莲叶的北边游戏。

yì jiāng nán

忆江南

[唐] 白居易

扫码点读

jiāng nán hǎo
江南好，

fēng jǐng jiù céng ān
风景旧[1]曾谙[2]。

rì chū jiāng huā hóng shèng huǒ
日出江花[3]红胜火，

chūn lái jiāng shuǐ lǜ rú lán
春来江水绿如蓝。

néng bú yì jiāng nán
能不忆江南？

注释

①旧：过去。

②谙：熟悉。

③江花：江边的花朵。

大意

江南好，那里的风景我以前就很熟悉。

太阳初升的时候，日光映得江边的花朵比火焰还红；春天到来的时候，碧波荡漾，江水如蓝草一般绿。

这让我怎能不怀念江南呢？

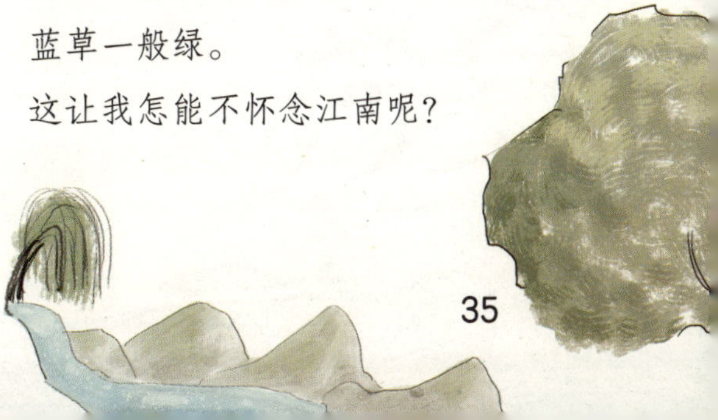

mù jiāng yín

暮江吟

扫码点读

［唐］白居易

yí dào cán yáng pū shuǐ zhōng

一道残阳①铺水中，

bàn jiāng sè sè bàn jiāng hóng

半江瑟瑟②半江红。

kě lián jiǔ yuè chū sān yè

可怜③九月初三夜，

lù sì zhēn zhū yuè sì gōng

露似珍珠月似弓④。

注释

①残阳：夕阳。这里指晚霞。

②瑟瑟：此处指碧绿色。

③可怜：可爱。

④月似弓：农历九月初三，上弦月，其弯如弓。

大意

晚霞倒映在江面上，江水一半呈碧绿色一半呈红色。

最可爱的是那九月初三的夜晚，露珠就像是一颗颗珍珠，月儿就像是一张弯弓。

chí shàng
池上

[唐] 白居易

扫码点读

xiǎo wá chēng xiǎo tǐng
小娃①撑小艇②，

tōu cǎi bái lián huí
偷采白莲③回。

bù jiě cáng zōng jì
不解④藏踪迹，

fú píng yí dào kāi
浮萍⑤一道开。

注释

①小娃：小孩儿。

②艇：船。

③白莲：白色的莲花。

④解：懂得，知道。

⑤浮萍：草本植物，倒卵形或椭圆形的叶子浮在水面，叶子下面有须根。

大意

小孩儿撑着小船，偷偷地从池塘里采了白莲回来。

这个小孩儿不知道怎么掩藏踪迹，浮萍被小船荡开，水面上留下了一条长长的水线。

闲话历史

无论是到江南做官还是去游玩，诗人们好像都对这个地方情有独钟。著名诗人杜甫晚年在江南遇到了老友，也写了一首流传至今的古诗——《江南逢李龟年》。

白居易自称“醉吟先生”，因为他喜欢喝酒和吟诗。他有个好朋友叫刘禹锡，两人常一起吟诗对唱，他们的友谊被人们津津乐道，两人还被称为“刘白”。白居易爱喝酒，对酒也很挑剔。为了喝到好酒，他亲自研究酿酒方法，据说他酿出的酒品质上乘。

我国幅员辽阔，不同地域的景致各异。有一个地方在我国文学史上占有重要地位，它就是江南。江南风景如画，白居易曾经担任杭州刺史，在杭州待了近两年，后来调任苏州刺史。白居易很喜欢江南美景，由于曾任职于苏杭，他对江南也很熟悉，写下了不少赞美江南的诗。

4. 忧国忧民的实践者——

杜甫

姓名：杜甫

籍贯：襄阳（今属湖北）

生卒年：712—770

字号：字子美，自号少陵野老

代表作：《绝句》等

名句：正是江南好风景，

落花时节又逢君。

7岁 七龄思即壮，开口咏凤凰

20岁 漫游吴越

33岁 结识李白、高适

34岁 获得李邕赏识

35岁 赴长安参加科举考试

44岁 得到官职

48岁 定居成都

52岁 安史之乱结束

59岁 再遇李龟年，后病逝耒阳

致君尧舜上，
再使风俗淳。

何为大用？何为大道？

杜甫穷尽一生，在这天地之间，读万卷书，行万里路，寻找这一答案。

他看见春雨，欣赏夏月，感受秋风，抚摸白雪；看见盛世繁华安定；看见战火纷飞尸骨寒……

大丈夫当胸怀天下，兼济民生。为生民立命，才能称得上是大用；为万世开太平，方为大道。

712 年，一个婴儿诞生于巩县（今河南巩义西南），他就是杜甫。杜甫出身于官宦世家，7 岁就学会了写诗。

杜甫家世优越，6 岁就能看公孙大娘舞剑，后来又经常出入岐王李范宅邸，听大唐音乐家李龟年唱歌并与其结识。年少的杜甫有钱有闲，有才华，有人脉，所写的诗词有人追捧，可谓是少年得意。

20 岁时，不愿过早踏上仕途之路的杜甫，决定读万卷书，行万里路，开始了第一次漫游。他历时数年，漫游吴越，一直到 735 年，杜甫才结束漫游，他回到巩县参加乡贡。

后来，杜甫在洛阳参加进士考试，但是落榜了。杜甫借着探亲的名号，开始了长达四五年的齐、赵漫游。这次漫游，主要是打猎和唱歌。

放荡齐赵间，
裘马颇清狂。
春歌丛台上，
冬猎青丘旁。

744 年，杜甫偶遇李白，被李白的气质、风采征服，开始和李白同游。于是，两人在梁、宋一带，观黄河，登王屋山，还结识了高适。就这样，三个好友度过了一些开心逍遥的日子。

和李白分手后，杜甫去了齐州。当时的北海太守李邕，听闻杜甫在齐州，于是星夜兼程，赶去齐州，拜会杜甫。李邕设宴于历下亭上，请了许多文人墨客来作陪。

当年的李邕早已名满天下，而杜甫才初出茅庐。李邕不仅赏识杜甫的才华，更是对杜甫的祖父杜审言赞赏有加，流露出崇拜之情，这让杜甫志得意满，引以为豪。

745 年，在李白的一句“飞蓬各自远，且尽手中杯”后，杜甫与李白潇洒分别，从此再未见面。

与李白分别后，35 岁的杜甫终于意识到，该是建功立业的时候了。于是他赶赴长安参加考试，拉开了和前半生恣意飞扬的生活不一样的序幕。

之后，杜甫被困长安，金尽裘敝，生活十分拮据。为了生计，杜甫不得不奔波于权贵之间，在长安辗转近十年。曾经意气风发的少年，终向现实低下了自己的头颅。杜甫向皇帝献《三大礼赋》，以求投皇帝所好，得到一份差事。唐玄宗看到赋后很高兴，让他待制集贤院，但因李林甫阻挠，杜甫一直未得到官职。

755 年，杜甫得到河西尉的官职，他不去，后来又被改封为右卫率府胄曹参军。

不作河西尉，凄凉为折腰。
老夫怕趋走，率府且逍遥。
耽酒须微禄，狂歌托圣朝。
故山归兴尽，回首向风飙。

杜甫生活在长安的底层，在这里，百姓们的艰辛窘迫与达官显贵们的骄奢淫逸形成了鲜明的对比，不断叩击着他敏感的内心。上任前夕，他回奉先县看望自己的妻儿。一路行至家门前，还未来得及感伤，杜甫就发现小儿子因为没有钱，被活活饿死了。

悲愤之余，他挥笔写下了千古名诗《自京赴奉先县咏怀五百字》。

穷年忧黎元，叹息肠内热。
取笑同学翁，浩歌弥激烈。

不久，安史之乱以摧枯拉朽之势横扫大唐，将大唐从盛唐美梦中惊醒，杜甫被俘于长安，从此也进入了人生最黑暗的时刻。

知识小达人

安史之乱

755—763 年，由唐朝将领安禄山、史思明发动的战争，是同唐朝争夺统治权的叛乱，是唐朝由盛转衰的转折点。这场叛乱使唐朝人口大量减少，国力锐减。由于爆发于唐玄宗天宝年间，也称天宝之乱。

见过了安史之乱和连年灾荒带来的灾祸，杜甫看着朝廷无所作为、欺压百姓，对统治者感到十分失望。

759 年，48 岁的杜甫辞去官职，带着妻儿来到成都，在好友严武等人的帮助下，在浣花溪畔盖了一间草堂。

虽然生活贫困，但是对于杜甫来说，这是他人生中难得的宁静生活。

严武不仅帮杜甫张罗着盖房子，还时不时给他送点米面油，还给他推荐工作。严武推荐杜甫做检校工部员外郎，因此后人又称杜甫为“杜工部”。杜甫在成都的生活也比较贫困。有一年夏天，他的茅屋在突然袭来的狂风暴雨中摇摇欲坠，他睡不着觉，写下了《茅屋为秋风所破歌》。杜甫一家在成都生活了几年后，好友严武去世，他因生活所迫只能离开成都。离开成都后，杜甫的余生仅剩诗与漂泊。

在成都时，有一次，杜甫的老朋友成都尹崔光远派人请他吃饭。崔光远的部下花敬定平定了叛乱，崔光远很高兴，要给他办一个热热闹闹的庆功宴。

知识小达人

尹

尹在唐代是府一级行政区划的长官。府在唐代是比县高一级的行政区划。

杜甫对花敬定早有耳闻。花敬定虽然骁勇善战，但人品不好，居高自傲不说，还抢夺老百姓的钱财。

有一次，花敬定走在路上，看到一位妇人手腕上戴着的一对金臂钏（chuàn）在阳光下金光闪闪。他走上前去拽住妇人的手腕就要抢夺，遭到了妇人的全力抵抗，花敬定一气之下，让人砍断了妇人的手腕，取走了首饰。

知识小达人

金臂钏

金臂钏是唐朝时流行的女性胳膊上的装饰，类似我们今天的手镯。

杜甫与崔光远的交情不错，再加上平定叛乱的确是一件令人高兴的事，他就同意赴约了。可是，杜甫对花敬定此人却是十分看不上的。杜甫认为花敬定鱼肉百姓，张扬跋扈，十分不愿意和这样的人交往。

可是碍于和崔光远的交情，杜甫虽然心里对花敬定十分不满，但不好直接表露出来。

酒宴上，花敬定命人演奏乐曲。杜甫一听，这不是只有天子才能听的乐曲吗？

大家都知道杜甫是出了名的大诗人，于是希望他能赋诗一首为酒宴助兴。杜甫寻思了一会儿，说道："今天是为花将军摆庆功宴，所以我就献上一首《赠花卿》吧。"语罢，四下响起了雷鸣般的掌声。

知识小达人

卿

在我国古代，卿是夫妻、好友、君臣、长辈对晚辈之间的一种表示敬爱的称谓。

后来，花敬定在追捕叛军残部的路上被叛军斩杀。崔光远因花敬定等部下目无朝廷、抢夺百姓财物的罪行受到牵连。皇帝派监军调查崔光远的罪状，还没等查清楚，崔光远就忧郁而死了。

763 年，持续了八年之久的安史之乱终于要结束了，52 岁的杜甫听到捷报传来，激动得潸然泪下。因为战争，他们一家背井离乡，四处逃难。现在战争要结束了，他终于可以返回故乡了。

时光飞逝，770 年，59 岁的杜甫漂泊到了江南。此时，据安禄山叛乱已过去七年，但遭受了八年动乱的大唐王朝再无昔日的繁华。

不久，饱经战乱摧残的杜甫遇到了李龟年，二人一个“七龄思即壮，开口咏凤凰”，一个“一动歌喉，就让听者如痴如醉”。他们一见如故。杜甫激动地写下了一首《江南逢李龟年》。

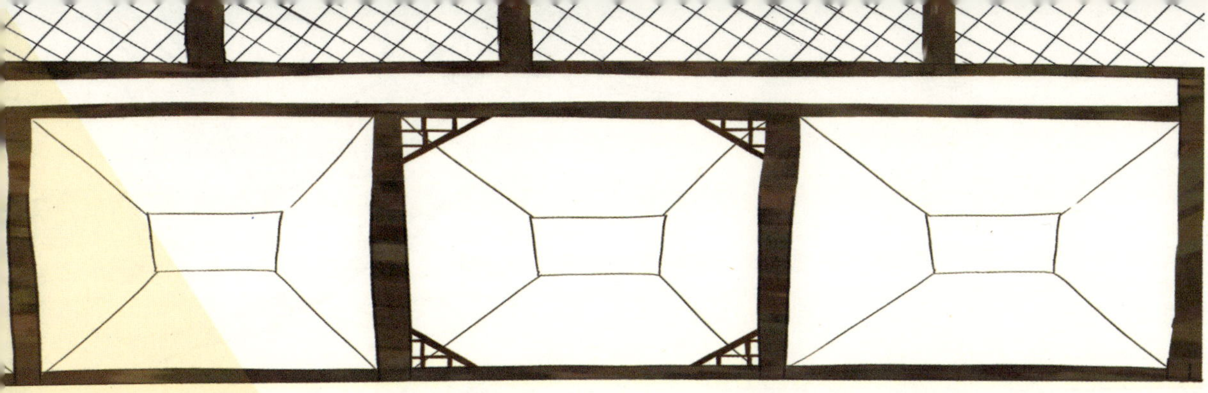

后来，李龟年在一次宴会中，唱了王维的《伊州歌》，深情地表达了自己对唐玄宗的思念。唱完之后他忽然晕倒，几天后醒来便一病不起，不久就离开了人世。

知识小达人

李龟年

李龟年是唐朝的宫廷乐师，与他的兄弟李彭年、李鹤年曾因创作《渭川曲》而受到唐玄宗的赏识，他们也常被达官显贵请去演奏。因为有唐玄宗的赏识，李龟年红极一时。安史之乱后，李龟年流落江南，靠卖艺为生。

770 年，59 岁的杜甫思念故乡，一路沿江漂泊，想要回到故乡。

此时，杜甫已经是一位风烛残年的老人，他北望长安，回望眼前的滔滔江水，不知何处可以容身。

公孙仍恃险，侯景未生擒。
书信中原阔，干戈北斗深。
畏人千里井，问俗九州箴。
战血流依旧，军声动至今。

也是这一年，杜甫挂念着国家，挂念着黎民，带着他未曾实现的理想，病逝在耒阳，终年 59 岁。

zèng huā qīng

赠花卿

［唐］ 杜甫

扫码点读

jǐn chéng sī guǎn rì fēn fēn
锦城①丝管②日纷纷③，

bàn rù jiāng fēng bàn rù yún
半入江风半入云。

cǐ qǔ zhǐ yīng tiān shàng yǒu
此曲只应天上④有，

rén jiān néng dé jǐ huí wén
人间能得几回闻⑤。

注释

①锦城：锦官城。此指成都。

②丝管：弦乐器和管乐器。这里泛指音乐。

③纷纷：形容乐曲的轻柔悠扬。

④天上：双关语，虚指天宫，实指皇宫。

⑤几回闻：听到几回。

大意

锦官城里每日的乐声轻柔悠扬，一半随着江风飘去，一半飘入云端。

这样的乐曲只应天宫有，人间能听到几回呢？

jiāng nán féng lǐ guī nián

江南逢李龟年

[唐] 杜甫

扫码点读

qí wáng zhái lǐ xún cháng jiàn
岐王①宅里寻常②见，

cuī jiǔ táng qián jǐ dù wén
崔九③堂前几度闻。

zhèng shì jiāng nán hǎo fēng jǐng
正是江南好风景，

luò huā shí jié yòu féng jūn
落花时节④又逢君。

注释

①岐王：唐玄宗李隆基的弟弟，名叫李范，以好学爱才著称。

②寻常：经常。

③崔九：本名崔涤，因在兄弟中排行第九，所以被朋友称为“崔九”。

④落花时节：暮春，通常指农历三月。

大意

当年我经常在岐王府里欣赏你的演奏，也好几次在崔九宅院里听到你的乐声。

如今正是江南风光大好的时候，没想到在这暮春时节，又能与你相遇。

jiāng pàn dú bù xún huā (qí wǔ)

江畔①独步②寻花（其五）

［唐］ 杜甫

扫码点读

huáng shī tǎ qián jiāng shuǐ dōng

黄师塔前江水东，

chūn guāng lǎn kùn yǐ wēi fēng

春光懒困倚微风。

táo huā yí cù kāi wú zhǔ

桃花一簇③开无主④，

kě ài shēn hóng ài qiǎn hóng

可爱深红爱浅红？

注释

①江畔：江边。

②独步：独自散步。

③簇：量词，用于聚集成团或成堆的东西。

④无主：没有主人。

大意

黄师塔前那一江碧波春水滚滚东流。春天让人困倦得总想倚着春风小憩。

江边盛开的那一簇没有主人的桃花映入眼帘，究竟是爱深红色的还是更爱浅红色的呢？

扫码点读

jiāng pàn dú bù xún huā　qí liù

江畔独步寻花（其六）

［唐］ 杜甫

huáng sì niáng jiā huā mǎn xī

黄四娘① 家花满蹊②，

qiān duǒ wàn duǒ yā zhī dī

千朵万朵压枝低。

liú lián xì dié shí shí wǔ

留连③ 戏蝶时时舞，

zì zài jiāo yīng qià qià tí

自在娇④ 莺恰恰⑤ 啼。

注释

①黄四娘：杜甫在成都草堂居住时的邻居。

②蹊：小路。

③留连：留恋，舍不得离去。

④娇：可爱的样子。

⑤恰恰：象声词，形容鸟叫的声音悦耳动听。

大意

黄四娘家的小路旁开满了鲜花，千万朵鲜花把枝条压得低垂。

蝴蝶在花丛中盘旋飞舞，舍不得离去，自由自在的黄莺在花间不停啼叫，叫声悦耳动听。

chūn yè xǐ yǔ
春夜喜雨

［唐］ 杜甫

hǎo yǔ zhī shí jié， dāng chūn nǎi fā shēng。
好雨知①时节，当春乃②发生③。

suí fēng qián rù yè， rùn wù xì wú shēng。
随风潜④入夜，润物⑤细无声。

yě jìng yún jù hēi， jiāng chuán huǒ dú míng。
野径⑥云俱黑，江船火独明。

xiǎo kàn hóng shī chù， huā zhòng jǐn guān chéng。
晓看红湿处⑦，花重⑧锦官城。

扫码点读

注释

①知：明白，知道。

②乃：就。

③发生：萌发生长。

④潜：暗暗地、悄悄地。

⑤润物：植物受到雨水的滋养。

⑥野径：田野间的小路。

⑦红湿处：被雨水浸润的花丛。

⑧花重：花因为饱含雨水而显得沉重。

大意

好雨知道下雨的时节正是在春天植物萌发生长的时候。

好雨随着春风在夜里悄悄落下，无声地滋润着春天的万物。

雨夜中田野间的小路黑漆漆一片，只有江船上的灯火独自闪烁。

天刚亮时看着那被雨水浸润的花丛，娇美红艳，整个锦官城变成了繁花盛开的世界。

扫码点读

wén guān jūn shōu hé nán hé běi
闻①官军②收河南河北

[唐] 杜甫

jiàn wài hū chuán shōu jì běi
剑外③忽传收蓟北④，

chū wén tì lèi mǎn yī cháng
初闻涕⑤泪满衣裳。

què kàn qī zǐ chóu hé zài
却看⑥妻子⑦愁何在，

màn juǎn shī shū xǐ yù kuáng
漫卷⑧诗书喜欲狂。

bái rì fàng gē xū zòng jiǔ
白日放歌⑨须⑩纵酒⑪，

qīng chūn zuò bàn hǎo huán xiāng
青春⑫作伴⑬好还乡。

jí cóng bā xiá chuān wū xiá
即从巴峡穿巫峡，

biàn xià xiāng yáng xiàng luò yáng
便⑭下襄阳向洛阳。

注释

①闻：听说。

②官军：指唐朝军队。

③剑外：剑门关外。这里指剑门关以南蜀中地区。

④蓟北：泛指唐代幽州、蓟州一带，当时是叛军的根据地。

⑤涕：眼泪。

⑥却看：回头看。

⑦妻子：妻子和孩子。

⑧漫卷：胡乱地卷起。

⑨放歌：放声高歌。

⑩须：应当。

⑪纵酒：开怀痛饮。

⑫青春：指明丽的春光。

⑬作伴：与妻儿一同。

⑭便：就。

大意

从剑门关外忽然传来官军收复蓟北的消息，我一听到就高兴得流下了眼泪，泪水沾湿了衣裳。

回头看看妻子和孩子，哪里还有忧愁的模样。我胡乱地卷起诗书，高兴得快要发狂。

白日里我放声高歌，此时此刻应当开怀痛饮，趁着这明丽春光与妻儿一同返回家乡。

我们立即从巴峡穿过巫峡，再穿过襄阳便是洛阳。

闲话历史

杜甫30岁的时候，才和司农少卿杨怡之女结婚。杜甫在诗中经常称其妻子为“老妻”“瘦妻”，但是杜甫对妻子的爱与怜惜却弥漫在字里行间。

今夜鄜州月，闺中只独看。
遥怜小儿女，未解忆长安。
香雾云鬟湿，清辉玉臂寒。
何时倚虚幌，双照泪痕干。

杜甫很少在诗中写妻子的容貌，但是这首诗却写得细腻动人，妻子的美丽也尽在其中。

杜甫为什么选择在成都定居呢？有句俗话说“扬一益二”，是对唐代除京城外全国最繁荣的两个城市的评价。扬是扬州，益是益州，也就是今天的成都。那时候成都的繁华是数一数二的。安史之乱后，中原民不聊生，只有四川地区还保持安定，就连唐玄宗也曾经率领着一批官员逃到成都。

5. 吾心吾行澄如明镜——

高适

姓名：高适

籍贯：渤海蓨（今河北景县）

生卒年：约 700—765

字号：字达夫

代表作：《别董大》等

名句：莫愁前路无知己，

天下谁人不识君？

20岁 求官失败，下乡务农

36岁 科举落榜

45岁 结识李、杜二友

56岁 终得帝王赏识

65岁 被封为渤海县侯

66岁 去世

有唐以来，

诗人之达者，

唯适而已。

高适从穷困潦倒，到后来在边塞建功立业，再到靠军功封侯……唐朝诗人能够显贵至此的，只有高适一人。

700 年，在大唐最光辉灿烂的时代，高适出生了。出生于将门的高适，应该从小锦衣玉食，过着富贵生活。可恰恰相反，高适年轻的时候，一直都在为生计奔波。

高适的爷爷曾经生擒过突厥可汗，死后陪葬在乾陵。但是到高适这一代，早已家道中落。高适少年时，因为父亲早逝，基本的温饱都保障不了，有时候他甚至要沿街乞讨才能维持生活。

高适饱受贫苦的折磨，但仍积极乐观地面对生活。在努力维持生活时，他还熟读经书，刻苦练剑，每日与书为伴。

在高适 20 多岁的时候，为了得到天子的赏识，他来到了长安。

二十解书剑，
西游长安城。
举头望君门，
屈指取公卿。

意气风发的高适并没有获得官职，也没有留在长安，而是去了现在的河南商丘，开始了种菜种米、自给自足的小日子。

730 年，契丹多次进攻唐朝边境。

高适觉得自己苦苦等待的机会终于来临了。他收拾行装，决定要做一名军人！

高适一路游历到了边塞。在那里，他看到了落日下苍凉的孤城，也看到了士兵们奋不顾身作战的情景。

黯黯长城外，日没更烟尘。
胡骑虽凭陵，汉兵不顾身。
古树满空塞，黄云愁杀人。

在之后的几年里，高适一直在边塞游走，试图寻找建功立业的机会，在这期间，他对边塞战事也多有研究，但终因无人赏识，不得不离开边塞。

735 年，高适再次来到长安参加科举考试。他本想“学好文武艺，货与帝王家”，然而他落榜了。

738 年，有一个跟随幽州节度使张守珪作战的人从塞外回来，写了一首名为《燕歌行》的诗，让高适十分感慨。因为唐朝和契丹的战争，一开始大唐是胜利的，后来却节节败退。而导致失败的主要原因，就是作战将领的骄傲轻敌和醉生梦死。高适实在愤慨，于是挥毫写下《燕歌行》一诗，以和之。

战士军前半死生，

美人帐下犹歌舞。

知识小达人

燕歌行（汉家烟尘在东北）

高适此诗侧重于表现战争的惨烈，通过恢弘的战争场景，再现个体的牺牲和苦难。此诗被誉为高适的第一大篇，也是唐代边塞诗歌里程碑式的代表作品。

744 年，李白和杜甫结识，于是相约一起散心游历。他们来到梁、宋一带，在这里又遇到了高适。

三人一见如故，有说不完的话、喝不完的酒和论不完的诗。他们一起游览名胜古迹，一起骑马打猎，度过了一段肆意潇洒的时光。

短暂的相聚很快就要结束了，如果“人生若只如初见”，这个世界上就不会有遗憾；如果所有的一切都不会改变，那么十几年后，李白和高适的友情之船，就不会说翻就翻。

747 年，四十多岁的高适在睢阳流浪。恰逢吏部尚书房琯被贬出朝，门客董庭兰受到牵连，不得不离开京城。高适便写信邀请董庭兰一聚。

董庭兰在音乐上的造诣极高，但由于盛唐时期流行胡乐，他所擅长的七弦琴，听的人并不多，高适刚好是他难觅的知音。这次相见让高适与董庭兰都十分感慨，董庭兰为高适弹了一曲又一曲。

755 年，安史之乱爆发。高适辅佐哥舒翰驻守潼关。后来潼关沦陷，叛军长驱直入，唐玄宗在仓皇之中，被迫逃跑。此时的高适，没有变节投敌，弃君而去，而是星夜兼程地追上唐玄宗。唐玄宗大为感动，当即封高适为侍御史，并很快将其提拔为谏议大夫。

后来，高适平定了永王叛乱。但是也正是永王叛乱导致李白和高适之间出现了隔阂。

永王叛乱的时候，李白是永王的幕僚。在任何朝代，叛乱都是重罪。李白只好写诗给高适，让他救救自己。但是高适还是没有选择救李白。

唐代宗即位后，于 764 年召高适回京，任命他为刑部侍郎，不久，又封高适为渤海县侯。

765 年，文武兼备、荣耀至极的高适去世。蹉跎半生，他终于实现了自己的理想。虽然他等待的时间是那么漫长，但高适一直在咬牙坚持，从未放弃。最终破茧成蝶，成为了史书上的“诗人之达者”。

bié dǒng dà

别董大①

［唐］ 高适

扫码点读

qiān lǐ huáng yún bái rì xūn
千里黄云②白日曛③，

běi fēng chuī yàn xuě fēn fēn
北风吹雁雪纷纷。

mò chóu qián lù wú zhī jǐ
莫愁④前路无知己⑤，

tiān xià shuí rén bù shí jūn
天下谁人⑥不识君⑦？

注释

①董大：董庭兰，唐朝著名音乐家。因在家中兄弟里排行老大，故称“董大”。

②黄云：塞上风沙甚大，故云呈黄色。

③白日曛：太阳黯淡无光。曛，昏黄。

④莫愁：不要担心。莫，不要。

⑤知己：好朋友。

⑥谁人：哪个人。

⑦君：你。这里指董庭兰。

大意

黄云千里，太阳黯淡无光，北风吹着天上的大雁，大雪纷纷飘落。

不要担心前方没有好朋友，天下又有哪个人不认识你呢？

闲话历史

哥舒翰是突厥族突骑施哥舒部人，在击退吐蕃和保卫唐朝边疆中有重大贡献。遇见骁勇善战、被唐玄宗极为看重的名将哥舒翰是高适命运的转折点。从此，高适进入了人生的快车道，一路高歌猛进，平步青云。

在高适和李白友情的破灭中，很多人都在说高适无情无义，但是真相又是什么呢？李白因为依附永王，被投进了监狱。李白以为高适看了他的诗，也许会念旧情，但高适稍加思考，理智就战胜了情感。他做出的决定是——不救！

也许高适想的是，虽然李白是我的朋友，但现在他成了叛党逆贼，怎能说放就放？如果放了李白，这不是公然破坏法纪吗？高适不徇私情，看似过分，实则不过是做了他应该做的事情。

6. 浪漫主义诗歌的教主——李白

姓名：李白

籍贯：陇西成纪（今甘肃静宁西南）

生卒年：701—762

字号：字太白，号青莲居士

代表作：《黄鹤楼送孟浩然之广陵》等

名句：孤帆远影碧空尽，

唯见长江天际流。

18岁 拜赵蕤为师

42岁 任翰林供奉，开启人生高光时刻

56岁 任永王幕僚

62岁 去世

云想衣裳花想容，
春风拂槛露华浓。
若非群玉山头见，
会向瑶台月下逢。

侠客、旅人、诗人、谪仙人……

在每一个盛世中，必然会有一个耀眼的天才横空出世。他是盛唐诗人中最亮的明星，拥有无数粉丝，高力士为他脱靴，杨贵妃为他研墨……这个人就是李白！

我们无缘见到盛唐的明月，可是千年后，李白的“举头望明月，低头思故乡”却在不同时间、地点，引起我们相似的乡愁。

697 年，一个在碎叶定居的家族，决定离开战乱频发的西域，迁往蜀地。701 年，李白出生了。李白幼时随父迁居绵州昌隆（今四川江油）。

五岁诵六甲，

十岁观百家。

718 年，18 岁的李白赴梓州，拜赵蕤为师。

赵蕤年少时是一个胸怀大志的人，好帝王之学，志在经邦济世。他隐居山中，以著书立说自娱。赵蕤是当时著名的纵横家，其书《长短经》是帝王的必读之书。

李白在求学中，为自己规划了一条属于自己的道路，那就是像古时候的贤明宰相一样辅佐帝王，使海晏河清，天下太平，然后自己功成身退，归隐五湖。

此时，正是开元之治的前期，盛唐的锦绣繁华也才缓缓铺开。

知识小达人

开元之治

中国历史上对唐玄宗开元年间政绩的美称。开元年间，吏治清明，经济繁荣，唐朝成为亚洲经济文化交流中心。

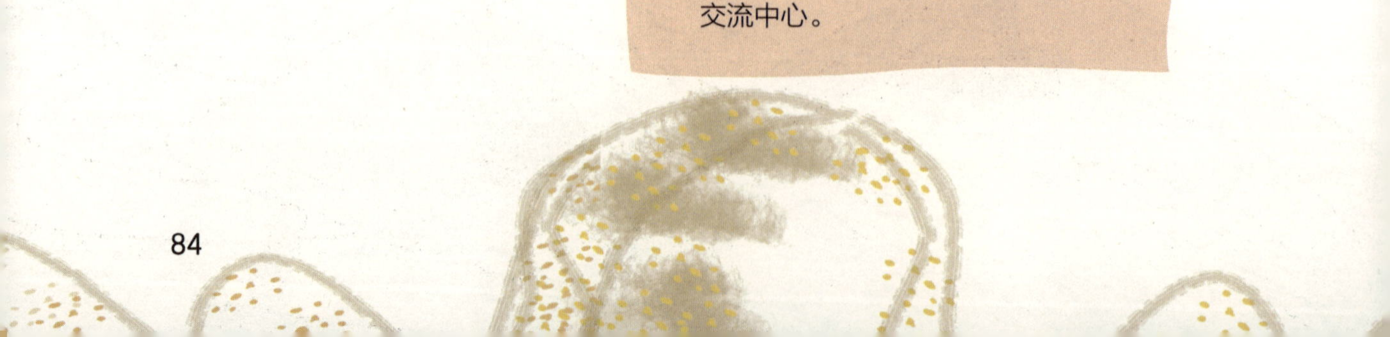

有一次，李白动身前往渝州。他夜晚乘舟向三峡进发，看见峨眉山间吐出的半轮新月，月光洒在涌动的江水之上，使李白生出了对家乡的眷恋之情。

峨眉山月半轮秋，
影入平羌江水流。
夜发清溪向三峡，
思君不见下渝州。

李白想通过谋求官职，实现自己的远大抱负，于是便拜见了渝州刺史李邕。谁知李邕觉得李白恃才傲物，十分不喜，便以公务繁忙为由，命手下接待李白。李白见李邕如此，挥毫写下了《上李邕》。

大鹏一日同风起，
抟摇直上九万里。

知识小达人

李白和李邕

李白和李邕这次不愉快的相遇，并没有影响李白之后对其人格的推崇。几十年后，李邕受到奸臣的迫害，含冤惨死。李白难掩心中的悲愤，写诗悼念李邕。

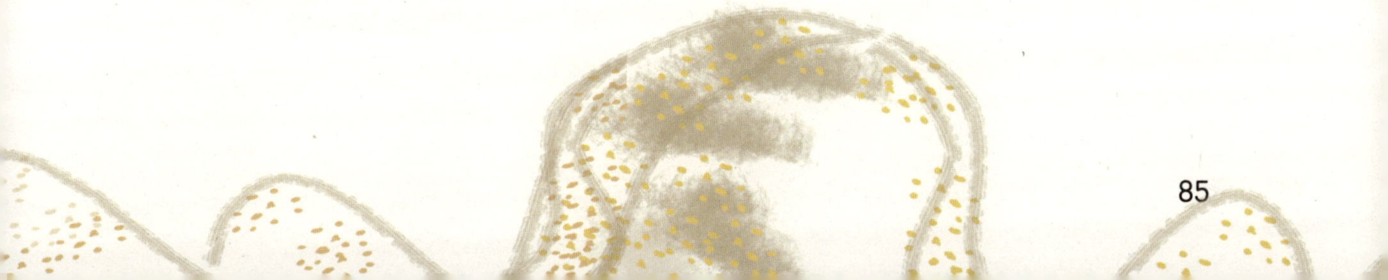

25 岁的李白学业初成，仗剑离开了巴蜀，他游山玩水，结识了很多好友。细数起来，李白的朋友真是各种各样，有平民百姓、达官显贵，有文人，也有武将，甚至还有国际友人。下面我们就简单地了解一下李白的朋友们吧！

◆ 郭子仪

没错，就是唐朝大将军郭子仪！他俩可是生死之交！传闻李白曾救过郭子仪的命，后来李白要被朝廷流放的时候，郭子仪上书皇帝，表示愿意用爵位换取对李白的赦免。

◆ 晁衡

别看这名字像中国人，人家可是地道的日本人！晁衡原名阿倍仲麻吕，是日本派到中国的留学生。李白听说晁衡因回国时遭遇海上风暴而遇难，哭着写了一首《哭晁卿衡》悼念他。

◆ 元丹丘

元丹丘是李白的知心好友，两人可谓无话不谈。李白在元丹丘家里就像在自己家里一样，饭随便吃，酒随便喝，东西随便用。李白喝醉了，差点儿把元丹丘家的良马、裘衣当了换酒，可见两人关系非同一般！

◆ 贺知章

唐代的著名诗人贺知章也是李白的好友。贺知章称李白为“谪仙人”，他俩都爱喝酒，和李适之等人并称“饮中八仙”。

知识小达人

饮中八仙

指唐朝喜欢喝酒的八位名人，又称“酒中八仙”或“醉八仙”。杜甫将他们写进《饮中八仙歌》一诗中。饮中八仙即贺知章、李琎（jìn）、李适之、崔宗之、苏晋、李白、张旭、焦遂。

◆ 杜甫

李白比杜甫大十一岁，两个人曾经与高适一起出游。杜甫为李白写了很多诗，如《赠李白》《春日忆李白》《冬日有怀李白》《天末怀李白》《梦李白》等，李白也为杜甫写过诗。

李白名震诗坛，有很多人争抢着结交他。当时安徽泾县有一个叫汪伦的人仰慕李白，有一次，他听说李白近期就住在附近，心想一定要将他请到家里喝酒。可怎么请呢？他们不认识，也没人引荐，这可怎么办？

汪伦在家苦思冥想了好几天，终于提笔写下了一封信：先生不是喜欢游玩吗？我这里有十里桃花。先生不是喜欢饮酒吗？我这里有万家酒店。

李白一看，心生好奇，决定亲自去瞧一瞧。结果到了一看，哪有什么桃花林和酒家，就是一个普通的村子。汪伦见李白来了，赶忙解释道："桃花十里，桃花潭也。万家酒店，万姓人也。"大概意思是，桃花十里是说我们这个地方叫桃花潭，万家酒店是有一个酒家是姓万的人开的。

虽然李白被骗了，但他并没有生气，反而被汪伦的一片苦心所打动。汪伦在泾县款待李白数日，李白临走时写了一首诗送给他。

李白带着自己的理想和抱负，为了用才能为盛世效力，山水迢迢从蜀地来到长安。可是在长安，李白四处碰壁，被命运所摆弄。

这长安之路，和蜀道何其相似。李白写下了《蜀道难》。

蜀道之难，
难于上青天。

742 年，唐玄宗宣召李白进京，任他为翰林供奉。此时，距离李白出蜀道已经过了十七年。李白终于迎来了人生中最高光的时刻。

大明宫门终于为李白打开，李白如愿看到了自己崇拜的君王。这次，李白受到了皇帝的极大礼遇，唐玄宗不仅亲自起身迎接李白，还在御殿之上赐食给李白。

李白狂妄的性格加上唐玄宗的宠爱，使他遭到其他人的嫉妒，他也得罪了不少人。李白对这种生活厌倦不满，朝堂也和李白格格不入。

没过多久，李白被唐玄宗赐金放还，他拿了遣散费被迫下岗。

752 年，李白应友人之邀，来到范阳郡，眼前的边塞景象是李白前所未见的：烽烟滚滚，遮天蔽日。

此时，唐朝的危机已经悄悄来临。

755 年冬，安史之乱爆发，锦绣大唐在安禄山、史思明的铁骑和屠刀下变得支离破碎。人们纷纷逃难，李白也不例外，庐山是他避乱的地方。

李白祈祷盛唐能重现辉煌。756 年，在庐山的云雾之中，李白迎来了永王李璘的幕僚韦子春。李白犹豫再三，不顾他人阻拦，终于答应了永王的邀约，朝着自己的人生终点奔赴而去。

李白分辨不了复杂的政治局势，对于外面的局势变化一无所知。即位后的唐肃宗要求永王交出自己的兵权，使永王的心思发生了变化，产生了反心。

新帝的打击来得又快又猛。757 年，永王因为谋逆被杀，李白作为永王府中最有名望的幕僚也锒铛入狱。最后，李白因为友人的帮助，被判了流放之刑。

李白还是比较幸运的，在流放途中正巧遇到大赦，于是就被赦免了。

761 年，听说李光弼要出兵平叛战乱，61 岁的李白忘了自己是个花甲老人，磨剑佩甲，意气风发，要去做一名小兵来平乱。

李白走到了金陵就病倒了。在人生最后时刻，李白就像大海里的一叶扁舟，想要努力上岸，又被海浪拍回了茫茫大海。

临终的时候，李白还像个少年，眷恋着壮丽的山河，追寻着自己的理想，想要像大鹏一样展翅翱翔，飞向自己的理想国度。

扫码点读

huáng hè lóu sòng mèng hào rán zhī guǎng líng

黄鹤楼送孟浩然之①广陵

[唐] 李白

gù rén xī cí huáng hè lóu
故人西辞②黄鹤楼，

yān huā sān yuè xià yáng zhōu
烟花③三月下扬州。

gū fān yuǎn yǐng bì kōng jìn
孤帆远影碧空尽④，

wéi jiàn cháng jiāng tiān jì liú
唯见长江天际流⑤。

注释

①之：去，到。

②辞：告别，辞别。

③烟花：指春天艳丽的景色。

④尽：消失。

⑤天际流：流向天边。

大意

老朋友在黄鹤楼与我辞别，从西向东远行，他要在这柳絮如烟、繁花似锦的三月去扬州。孤零零的一面船帆逐渐消失在碧蓝天空的尽头，我只能看着滚滚长江流向天边。

zèng wāng lún

赠汪伦

［唐］ 李白

扫码点读

lǐ bái chéng zhōu jiāng yù xíng

李 白 乘 舟 将 欲 行，

hū wén àn shàng tà gē shēng

忽 闻 岸 上 踏 歌① 声。

táo huā tán shuǐ shēn qiān chǐ

桃 花 潭② 水 深 千 尺，

bù jí wāng lún sòng wǒ qíng

不 及③ 汪 伦 送 我 情。

注释

①踏歌：一种流行于唐代民间的歌舞形式，一边唱歌，一边用脚踏地打着拍子。

②桃花潭：水潭名，在今安徽泾县西南，一说在今宿松西上河口。

③不及：不如，比不上。

大意

我将要乘舟远行，忽然听到岸边传来踏歌的声音。

纵然桃花潭的潭水深达千尺，也比不上汪伦送我的深情厚谊。

wàng lú shān pù bù

望庐山瀑布

[唐] 李白

扫码点读

rì zhào xiāng lú shēng zǐ yān
日照香炉①生紫烟②，

yáo kàn pù bù guà qián chuān
遥看③瀑布挂④前川⑤。

fēi liú zhí xià sān qiān chǐ
飞流直⑥下三千尺⑦，

yí shì yín hé luò jiǔ tiān
疑⑧是银河⑨落九天⑩。

注释

①香炉：指香炉峰。

②紫烟：指日光透过云雾，远望如紫色的烟云。

③遥看：从远处看。

④挂：悬挂。

⑤川：河流，这里指瀑布。

⑥直：笔直。

⑦三千尺：形容瀑布很长很高。这里是夸张的说法，不是实指。

⑧疑：怀疑。

⑨银河：古人指由银河系构成的带状星群。

⑩九天：极言天高。古人认为天有九重，九天是天的最高层，九重天即天空最高处。

大意

香炉峰在阳光的照射下生起紫色烟雾，从远处看去，瀑布好似白色绢绸悬挂在山前。

高崖上飞腾直落的瀑布好像有几千尺，让人怀疑是银河从九重天落到了人间。

zǎo fā bái dì chéng
早发①白帝城

[唐] 李白

zhāo cí bái dì cǎi yún jiān
朝②辞③白帝彩云间④，

qiān lǐ jiāng líng yí rì hái
千里江陵⑤一日还。

liǎng àn yuán shēng tí bú zhù
两岸猿⑥声啼⑦不住⑧，

qīng zhōu yǐ guò wàn chóng shān
轻舟已过万重山⑨。

注释

①发：启程。

②朝：早晨。

③辞：告别。

④彩云间：因白帝城在白帝山上，地势高耸，从山下江中望去，白帝城仿佛耸入云间。

⑤江陵：今湖北荆州。

⑥猿：猿猴。

⑦啼：叫。

⑧住：停息。

⑨万重山：层层叠叠的山。形容山很多。

大意

清晨我从彩云缭绕的白帝城出发，千里之遥的江陵一天就可以到达。

两岸猿猴的啼声不停地在耳边回荡，轻快的小船已驶过连绵不绝的万重山峦。

扫码点读

wàng tiān mén shān

望天门山①

扫码点读

[唐] 李白

tiān mén zhōng duàn chǔ jiāng kāi

天门中断②楚江③开④，

bì shuǐ dōng liú zhì cǐ huí

碧水东流至此回。

liǎng àn qīng shān xiāng duì chū

两岸青山⑤相对出⑥，

gū fān yí piàn rì biān lái

孤帆一片日边来。

注释

①天门山：在今安徽省当涂县与和县之间，耸立于长江两岸。长江西岸称“西梁山”，东岸称“东梁山”，两山隔江对峙，形似天门。

②中断：指江水从中间隔断两山。

③楚江：即长江。安徽为古楚国之地，流经这一段的长江被人称为楚江。

④开：劈开，断开。

⑤两岸青山：指东梁山和西梁山。

⑥出：突出，出现。

大意

长江犹如巨斧劈开天门雄峰，碧绿的江水东流到此后，在这里回旋。

两岸青山隔着长江相峙而立，一只小船从太阳升起的地方悠悠驶来。

dú zuò jìng tíng shān
独坐敬亭山①

［唐］ 李白

扫码点读

zhòng niǎo gāo fēi jìn
众鸟高飞尽②，

gū yún dú qù xián
孤云独去闲③。

xiāng kàn liǎng bú yàn
相看两不厌④，

zhǐ yǒu jìng tíng shān
只有敬亭山。

注释

①敬亭山：在今安徽省宣城市。

②尽：没有了。

③闲：形容云彩飘来飘去，悠闲自在的样子。

④厌：厌倦。

大意

群鸟高飞无影无踪，孤云独来独往，自在悠闲。

我看着敬亭山，敬亭也默默注视着我。彼此看不够的，就只有我和眼前的敬亭山了。

扫码点读

qiū pǔ gē
秋浦①歌

[唐] 李白

bái fà sān qiān zhàng
白发② 三 千 丈，

yuán chóu sì gè cháng
缘③ 愁 似 个④ 长。

bù zhī míng jìng lǐ
不 知 明 镜⑤ 里，

hé chù dé qiū shuāng
何 处⑥ 得 秋 霜⑦。

注释

①秋浦：在今安徽省池州市贵池区。

②白发：白头发。

③缘：因为。

④个：这样。

⑤明镜：明亮的镜子。

⑥何处：哪里，什么地方。

⑦秋霜：形容头发白如秋霜。

大意

白头发长达三千丈，是因为忧愁才长得这样长。我对着明亮的镜子，不知从哪里得到这么多如秋霜般的白发。

yuè xià dú zhuó　qí yī　jié xuǎn

月下独酌①（其一）（节选）

扫码点读

［唐］李白

huā jiān yì hú jiǔ
花间一壶酒，

dú zhuó wú xiāng qīn
独酌无相亲②。

jǔ bēi yāo míng yuè
举杯邀明月，

duì yǐng chéng sān rén
对影成三人。

注释

①独酌：一个人饮酒。酌，饮酒。

②无相亲：没有亲近的人。

大意

把一壶美酒摆在花丛间，我自斟自酌，没有亲近的人陪伴。

我举起酒杯邀明月共饮，明月和我以及我的影子刚好凑成了三人。

闲话历史

李白一生基本上没有工作，除了最开始游历的钱是家里给的，其他时候，他的钱都是哪里来的呢？朋友赠送，李白游历天下的过程中，结交了许多朋友，也收获了许多粉丝，这些人对李白都非常慷慨大方；岳父赠送，李白一生有过四次婚姻，李白的原配和最后一任妻子都是宰相的孙女，而作为宰相府的东床快婿，李白自然得到了岳父不少馈赠；赐金放还，唐玄宗赏赐给李白一大笔钱财放他离去。李白离开长安后的几年里，所用的都是唐玄宗赐给他的钱财。

如果唐代的诗人也有朋友圈的话，那李白的朋友圈一定十分热闹，因为他的朋友遍及全国各地。交朋友无关财富、地位和信仰，能够让我们感到温暖并为之动容足矣。这是除了诗歌之外，李白教给我们的“朋友经”。

7. 斜杠青年——王冕

姓名：王冕

籍贯：诸暨（今属浙江）

生卒年：1287—1359

字号：字元章，号煮石山农、饭牛翁等

代表作：《墨梅》《南枝春早图》等

名句：不要人夸好颜色，
只留清气满乾坤。

在家是个放牛娃

7岁

30岁

考场失利，放弃仕途

隐居

62岁

73岁

去世

冰雪林中著此身，
不同桃李混芳尘。
忽然一夜清香发，
散作乾坤万里春。

年轻的王冕曾有澄清天下之志，想做一番惊天动地的事业。但元朝贵族统治的残酷现实让他的幻想很快就破灭了。他满怀悲愤，将所有的文章烧毁，以表示永绝仕途的决心。

长大怀刚肠，明学循良图。
砚画决自必，不以迂腐拘。
愿秉忠义心，致君尚唐虞。
欲使天下民，还淳洗嚣虚。
声施勒金石，以显父母誉。
此志竟萧条，衣冠混泥涂。

1287年，王冕出生于诸暨的一个小山村。这个地方在地图上可真难找！据说村里人家不多，王冕家一年到头全靠种地过活。七八岁的王冕到了上学的年纪时，家里条件不允许他读书，他只能当个放牛娃。

王冕常常在放牛的时候溜进学堂听老师讲课。有一天傍晚，他一边想着老师讲的内容，一边走回家中。结果因为忘了把牛赶回家，被爸爸揍了一顿。

后来，父母同意王冕读书了。于是，王冕就离开家去读书，并寄住在寺庙里。他学习很努力，常常在寺庙里的长明灯下看书。

王冕与众不同的读书方法，以及好学不倦的劲头，感动了绍兴名儒韩性，他主动收王冕为学生，精心教导他。

后来，王冕变得博学多才，可惜他不是考试型选手。元朝恢复科举后，王冕虽有壮志，但是屡试不中。一气之下，他决定放弃仕途。

科举考试相当于我们今天的公务员考试，在古代，科举考试是很多读书人出人头地的必经之路。

事实上，才华横溢但就是无法顺利通过科举考试的人不止王冕一个。比如，大诗人韩愈也是在第四次参加科举考试时才被发现是个人才而中举；苏洵带着两个儿子苏轼、苏辙赶考，两个儿子都考中了，唯独他一把年纪就是未能登科；“吴中四才子”之一的文徵明多次参加科举考试都未成功；写《聊斋志异》的蒲松龄也多次落第。

在隋朝以前，当官是“靠人脉”的。在魏、晋、南北朝时期，想要当官必须要跟中正官搞好关系，他对你赞许有加，你才能被推举为朝廷官员。

知识小达人

九品中正制

九品中正制是魏、晋、南北朝时期的选官制度。选官方式是朝廷在各地设置中正官，根据中正官对某一地区人物的品评来任免官员。

放弃仕途之后，王冕回到家乡一心一意地种起地来，其“煮石山农”的号也由此而来。其实对于王冕来说，科举考试并不是他当官的唯一机会。他学识出众，几次被当官的朋友举荐，但他都拒绝了。他生活得十分随性、洒脱，兴致高时会穿着奇装异服往返于街市，对别人诧异的目光毫不在意。

王冕自筹资金到北方游历，当看到了那些耀武扬威的统治者后，他内心的怒火难以抑制，随即赋诗以倾诉情怀。

唤鹰羌郎声似雷，骑马小儿眼如电。
总是无知痴呆相，也逞虚威拈弓箭。
老儒有识何以为？空指云山论文献。
君不闻，一从赵高作丞相，吾道凋零如袜线。

因为王冕的诗词触痛了统治者，引起了他们的不满，为自保王冕只好偷偷地逃回南方。

南归途中，王冕遇到黄河决堤，沿河州县的田园、房舍都被淹没了。官府不管，百姓只好四散逃荒，好不凄凉。王冕见此光景，内心十分痛苦，就对他的朋友张辰说：“黄河北流，天下自此将大乱，我也只好南归，以遂吾志。”

这次北游，王冕看清了人情世事。他知道求取功名在当今朝代，已成镜中之花，水中之月。后来，他学南阳诸葛亮的耕隐生活，隐居于九里山卖画为生。他自号“老龙”，把草堂取名“耕读轩”。

对朝廷腐败的不满使王冕性格孤傲，他鄙视权贵，轻视功名利禄，并多次拒绝入仕为官。

到 1359 年，朱元璋麾下的总兵胡大海请王冕为官。王冕始终不答应。没多久，他便卧病不起，几天后就去世了。

知识小达人

关于王冕的争议

王冕出生和去世的时间是有争议的，一说生于 **1287** 年，卒于 **1359** 年，享年 **73** 岁；还有一种说法是生于 **1335** 年，卒于 **1407** 年；第三种说法是生于 **1310** 年，卒于 **1359** 年。

扫码点读

mò méi

墨梅①

[元] 王冕

wǒ jiā xǐ yàn chí tóu shù

我家洗砚池②头③树，

duǒ duǒ huā kāi dàn mò hén

朵朵花开淡墨④痕。

bú yào rén kuā hǎo yán sè

不要人夸好颜色，

zhǐ liú qīng qì mǎn qián kūn

只留清气满⑤乾坤⑥。

注释

①墨梅：用水墨画的梅花。

②洗砚池：洗笔和砚台的池子。

③头：边上。

④淡墨：指盛开的梅花像是用淡淡的墨迹点染成的。

⑤满：弥漫。

⑥乾坤：指天地之间。

大意

我家洗砚池边有一株梅树，那朵朵盛开的梅花，像是用淡淡的墨迹点染成的。

它们不需要别人来夸赞自己颜色好看，只想让清香之气弥漫在这天地之间。

闲话历史

王冕的先世原是关西官族，他的九世祖王德元，在宋朝官至清远军节度使。王德元有两个儿子，一是王琪，一是王琳。后王琳迁居诸暨，是诸暨始迁祖。

王冕的老师兼同乡王艮，对他的品行很推崇，王艮还曾亲自登门拜访过王冕的母亲。后来王艮做了江浙检校之后，王冕曾经身穿褴褛衣服，脚上穿着一双破鞋去拜望王艮。王艮见到这副样子，马上替他接风洗尘，还送给他一双新鞋子，劝他做官。王冕笑而不答，放下鞋子离去。

王冕性格诙谐风趣，从来不在意别人的眼光。他还仿照屈原的衣冠穿戴，自制了一顶高帽子和一件宽大的衣服，乘牛车，带着母亲，一边唱着山歌，一边从村上走过。田间的孩子们笑话他，他也毫不在意。

图书在版编目（CIP）数据

藏在历史里的古诗词．1 / 刘鹤著；麦芽文化绘
.— 2 版 .— 成都：四川教育出版社，2022.9
ISBN 978-7-5408-8364-5

Ⅰ．①藏… Ⅱ．①刘… ②麦… Ⅲ．①古典诗歌－中国－中小学－教学参考资料 Ⅳ．① G634.303

中国版本图书馆 CIP 数据核字（2022）第 154395 号

CANG ZAI LISHI LI DE GUSHICI 1

藏在历史里的古诗词 1

刘鹤◎著　麦芽文化◎绘

出 品 人　雷　华
责任编辑　任　舸
责任校对　刘　青
责任印制　田东洋
封面设计　春浅浅
出版发行　四川教育出版社
地　址　四川省成都市锦江区三色路 266 号新华之星 A 座
邮政编码　610023
网　址　www.chuanjiaoshe.com
印　刷　三河市祥达印刷包装有限公司
版　次　2022 年 9 月第 2 版
印　次　2022 年 9 月第 1 次印刷
开　本　720mm × 787mm　1/12
印　张　10.5
书　号　ISBN 978-7-5408-8364-5
定　价　128.00 元（全 4 册）

如发现印装质量问题，请与本社联系调换。总编室电话：(028) 86365120
编辑部电话：(028) 86365129

刘鹤　著

麦芽文化　绘

藏在历史里的古诗词

2

四川教育出版社

前　言

十几年前填报高考志愿时，我在中文专业和历史专业之间犹豫了很久。最终，父亲以“读史使人明智”为由为我选定了历史专业，这为我后来的工作和事业奠定了基础。

记得在学习古诗词时，我的脑海中常常跳出这样一些问题：“南朝四百八十寺”，南朝真的有四百八十座寺庙吗？为什么要建那么多寺庙呢？大诗人李白为什么要作诗赠予汪伦呢？戍守边关的将士们是不是对葡萄有所偏爱，否则怎会有“葡萄美酒夜光杯”的名句？沉浸在婉转的韵律和顿挫的节奏中，这些疑问变得越来越强烈，吸引着我去寻找答案。我相信，很多大朋友、小朋友和曾经的我都有过同样的困惑，而唯有走近诗（词）人，走进历史，才能找到答案。这套书也由此诞生。

中国古典诗词不仅是浓缩的汉语精华，充满韵律感、节奏感，散发着迷人的魅力，其中深藏的诗（词）人命运、时代背景、社会发展状况等更是吸引着一代又一代人

去探索。是的，我们传承的不仅仅是语言艺术，更是民族文化、民族精神。这套书并不拘泥于单纯的诗词教学，而是和孩子们一起回到古代，回到历史当中，回到创作的场景当中，看诗（词）人所看，思诗（词）人所思，悲诗（词）人所悲，乐诗（词）人所乐。走近诗（词）人，了解他们，融入他们，进而去见证一首首伟大作品的诞生，去感受一个个时代的兴衰。这四本书以诗（词）人的生平和古诗词的创作背景为线索，再现古诗词背后的历史故事。我始终相信，受古诗词滋养的孩子是被生活和命运垂青的幸运儿。他们不仅有着表达美的技能、创造美的能力，而且拥有纵观千年的豁达胸襟和淡看浮沉的从容与睿智。

如果你是学龄前的小朋友，你可以用此套书开启美妙的古诗词之旅。去吧，去看看那些有趣的人和有趣的事！

如果你是一名小学生，你可以将此套书立于案头。当你想学习古诗词时，翻开它们，走进诗（词）人的生活和情感，感受时代给予他们的自由或束缚！

如果你是一位古诗词爱好者，你可以将此套书置于床头。在每一个晨昏浸润于古诗词的美妙中，穿越于历史的浮沉间。

爱诗词，爱诗（词）人，更爱那些璀璨的时代。让我们带着这份深爱，一起走进历史，寻找藏在历史里的古诗词。我相信，你们一定会爱上这套书！

刘鹤

目 录

1. 诗词的字数有限，诗词的境界无限——

诗词的规矩

提到古诗就不得不提“绝句”。有人认为，绝句的名称可能来自六朝文人的“联句”。那时候文人们常常聚在一起喝酒，还玩文字游戏。游戏规则是这样的：敲定一个题目，在座的所有人每人说四句，每句五个字，最后合成一首诗。每个人所作的四句也可以单独成篇，称为“一绝”。绝句的称谓由此诞生。后来，“绝句”逐渐成为一种诗歌体裁。

起初，绝句多是五言四句，也就是五言绝句，到了唐代，出现了成熟的七言绝句。其实也有六言绝句，但比较少。绝句的发展要感谢那些音乐家们，因为他们常常把这些诗当成歌词，配上曲，唱遍大江南北。诗人们也随之而“走红”。

中国古典诗词讲究平仄，“平”指平直，“仄”指曲折，都是针对字的声调而言的。我国古汉语一般分平、上、去、入四个声调，除了平声，其他的都称为仄声。入声在现在的普通话中基本已经消失了，一部分古代的上声字在今天读作去声。古今的声调发生了很大的变化，因此，不能根据普通话的声调直接判别古诗词的平仄。

古诗不好写，因为多数古诗是有固定格律的，这些诗句的每个字基本上都得在规定的调上，而且每句还得押韵。读绝句的时候，你有没有感觉像在唱歌？

还有一种与绝句齐名的诗歌体裁叫“律诗”。常见的律诗有五言律诗和七言律诗，它们在初唐时期定型，到盛唐时期发展成熟。在唐代，有一批文人专攻律诗，比如刘长卿和“大历十才子”等。

刘长卿对自己作诗的能力十分自信，自称“五言长城”。他仕途不顺，常因耿直的性格被诬陷。他辗转当过几个官，也屡次被贬，后官至随州刺史，世称“刘随州”。

杜甫跟刘长卿生活在同一个年代，两人都见证了唐朝社会的动荡和律诗的繁盛。杜甫的律诗虽然数量相对不多，但每首都是精品。

知识小达人

怎样读律诗？

律诗的读法有讲究，读律诗时，对内容明快、跳跃不大的可以停顿稍短，对内容深沉、跳跃较大的可以停顿稍长，这样才能读出律诗的层次和意境。

古代诗歌从体裁上大致分为两类：古体诗和近体诗。

古体诗为近体诗形成以前除楚辞体外各种诗歌体裁的统称，有四言体、五言体、六言体和七言体等。古体诗大致押韵，不讲究平仄，句数不限。如《诗经》

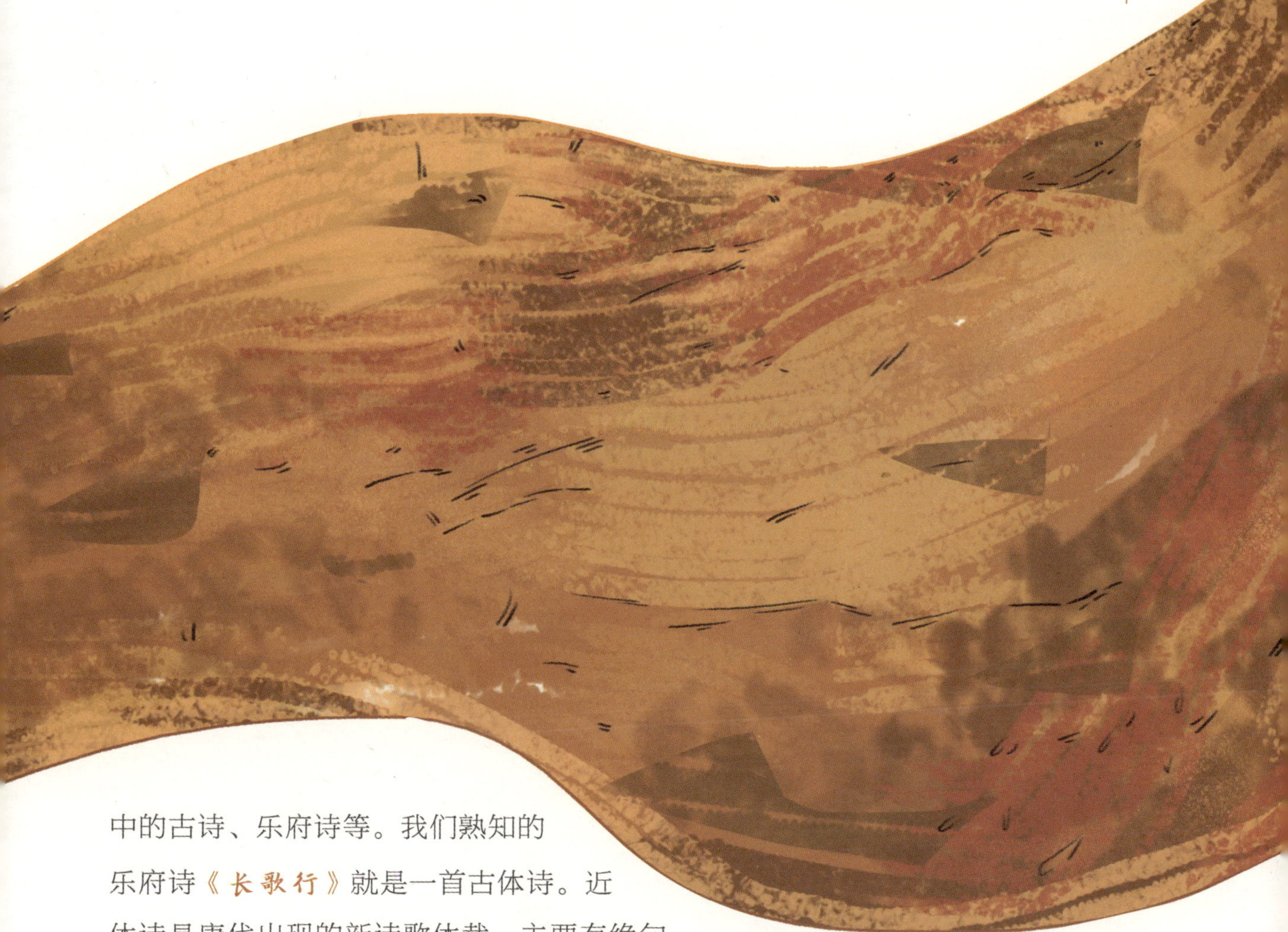

中的古诗、乐府诗等。我们熟知的乐府诗《长歌行》就是一首古体诗。近体诗是唐代出现的新诗歌体裁，主要有绝句、律诗，绝句为四句，律诗通常为八句（超过八句的称为排律或长律）。

当然，无论是绝句还是律诗，它们都讲究一定的规矩，字数也有限，但这并不妨碍它们表现无限的境界，展现诗歌的美。无论经历多少个朝代，诗歌的美都不会改变。诗中有情，有理，有那些过往的烟云和风雨，有祖先们缓步走来与我们隔空对话的声音与气息。

扫码点读

jué jù èr shǒu (qí yī)

绝句二首（其一）

[唐] 杜甫

chí rì jiāng shān lì

迟日①江山丽，

chūn fēng huā cǎo xiāng

春风花草香。

ní róng fēi yàn zǐ

泥融②飞燕子，

shā nuǎn shuì yuān yāng

沙暖睡鸳鸯③。

注释

①迟日：春日。

②泥融：这里指泥土湿润。

③鸳鸯：一种水鸟，雄鸟与雌鸟常一起出没。

大意

春日里江山沐浴着春光，多么秀丽，春风送来花草的芳香。泥土湿润，燕子衔着湿泥忙着筑巢，暖和的沙子上睡着成双成对的鸳鸯。

jué jù
绝句

［唐］杜甫

liǎng gè huáng lí míng cuì liǔ
两个黄鹂①鸣翠柳，

yì háng bái lù shàng qīng tiān
一行白鹭②上青天。

chuāng hán xī lǐng qiān qiū xuě
窗含西岭③千秋雪④，

mén bó dōng wú wàn lǐ chuán
门泊⑤东吴⑥万里船。

扫码点读

注释

①黄鹂：鸟，羽毛呈黄色，叫声悦耳。

②白鹭：鹭的一种，羽毛呈白色，有长腿。

③西岭：西岭雪山。

④千秋雪：指西岭雪山上千年不化的积雪。

⑤泊：停泊。

⑥东吴：古时候吴国的领地。

大意

两只黄鹂在青翠的柳树上婉转鸣叫，一行白鹭展开翅膀飞向蔚蓝的高空。

在窗前可以看到西岭雪山上千年不化的皑皑白雪，门前停泊着不远万里从东吴而来的船。

féng xuě sù fú róng shān zhǔ rén

逢①雪宿②芙蓉山主人③

[唐] 刘长卿

rì mù cāng shān yuǎn

日暮④苍山⑤远，

tiān hán bái wū pín

天寒白屋⑥贫。

chái mén wén quǎn fèi

柴门闻犬吠⑦，

fēng xuě yè guī rén

风雪夜归人⑧。

扫码点读

注释

①逢：遇上。

②宿：投宿，借宿。

③主人：指留人借宿者。

④日暮：傍晚的时候。

⑤苍山：青黑色的山。

⑥白屋：未加修饰的简陋茅草房，一般指贫苦人家。

⑦犬吠：狗叫。

⑧夜归人：夜间回来的人。

大意

暮色降临的时候，更觉青山影影绰绰的，显得很远；天寒地冻的时候，倍觉投宿人家的清贫。忽然听到柴门外的狗叫声，应是主人冒着风雪在晚上回来了。

cháng gē xíng

长歌行

汉乐府

扫码点读

qīng qīng yuán zhōng kuí zhāo lù dài rì xī

青青园中葵①，朝露②待日晞③。

yáng chūn bù dé zé wàn wù shēng guāng huī

阳春布④德泽⑤，万物生光辉。

cháng kǒng qiū jié zhì kūn huáng huā yè shuāi

常恐秋节⑥至，焜黄⑦华叶衰。

bǎi chuān dōng dào hǎi hé shí fù xī guī

百川⑧东到海，何时复西归？

shào zhuàng bù nǔ lì lǎo dà tú shāng bēi

少壮⑨不努力，老大⑩徒⑪伤悲。

注释

①葵：蔬菜名，即现在的冬寒菜。

②朝露：清晨的露水。

③晞：天亮，引申为阳光照耀。

④布：散布，给予。

⑤德泽：恩惠。这里指春天给予大地的阳光雨露。

⑥秋节：秋季。

⑦焜黄：形容草木凋落枯黄的样子。

⑧百川：江河。

⑨少壮：年轻力壮，指青少年时代。

⑩老大：指年老之后。

⑪徒：白白地。

大意

园中的葵菜此时青葱翠绿，晨露等待着阳光的照耀。

春天给大地普施阳光雨露，世间万物都生机盎然，欣欣向荣。

常常害怕秋天来临，因为那时草木就会凋落枯黄，失去光辉。

江河都是一路向东，流入大海，什么时候才能看到它们返回西边呢？

如果年少时不努力，年老后就只能白白地悔恨伤悲。

扫码点读

dà fēng gē

大风歌①

［汉］刘邦

dà fēng qǐ xī yún fēi yáng

大风起兮②云飞扬，

wēi jiā hǎi nèi xī guī gù xiāng

威③加④海内⑤兮归故乡，

ān dé měng shì xī shǒu sì fāng

安得⑥猛士兮守⑦四方⑧！

注释

①大风歌：古歌名。

②兮：语气词，相当于现代汉语中的“啊”。

③威：威望，权威。

④加：施加。

⑤海内：四海之内，即“天下”。古人认为天下是一片大陆，周围大海环绕，海外则荒不可知。

⑥安得：怎样得到。安，哪里，怎样。

⑦守：守护，保卫。

⑧四方：指国家。

大意

大风使劲地吹呀，浮云飞扬；我统一了天下呀，衣锦还乡；怎样才能得到勇士呀，为国家镇守四方！

qī bù shī

七步诗

扫码点读

[三国 · 魏] 曹植①

zhǔ dòu chí zuò gēng, lù shū yǐ wéi zhī。
煮豆持②作羹③，漉④菽⑤以为汁。

qí zài fǔ xià rán, dòu zài fǔ zhōng qì。
萁⑥在釜⑦下燃，豆在釜中泣⑧。

běn zì tóng gēn shēng, xiāng jiān hé tài jí?
本自同根生，相煎⑨何⑩太急？

注释

①有典籍记载该诗作者为曹植，但也有不少学者在考证后提出反对意见，故作者是谁，有待进一步考究。

②持：用来。

③羹：用肉或菜做成的糊状食物。

④漉：过滤。

⑤菽：一作“豉”。豆类的总称。

⑥萁：豆类植物脱粒后剩下的豆茎，可以被点燃用来做饭。

⑦釜：锅。

⑧泣：小声哭。

⑨煎：煎熬，这里指迫害。

⑩何：何必。

大意

煮豆子用来做豆羹，要先过滤掉豆子的残渣，留下豆汁。

豆萁在锅下熊熊燃烧，豆子在锅里默默哭泣。

豆萁和豆子本是从同一条根上生长出来的，何必相互煎熬逼迫呢？

闲话历史

曹植才华横溢，曹操很喜欢他，多次想立他为世子。但他太爱喝酒，喝多了还总做出一些违反规定的事。有一次他醉酒后把马车行驶到了帝王举行典礼才能行走的禁道上。后来，曹操渐渐对他失望了，便立他的哥哥曹丕为世子。

曹操、曹丕和曹植合称“三曹”。曹操的代表作有《短歌行》《观沧海》等，据说他的书法造诣也很高。曹植的代表作有《洛神赋》《白马篇》等。曹丕虽然只活了三十九年，但学术成果丰富。他写的《典论·论文》是我国文学批评史上的重要著作。

曹植并不是贪生怕死之人，但他觉得不能死在亲人的手里。《七步诗》之事后没过几年，曹丕病逝，他的长子曹叡（魏明帝）继位。曹植多次向侄子献策，但魏明帝并不想启用这位叔叔。曹丕去世六年后，曹植也在忧郁中病逝了。

2. 流芳千年的改革先锋——

王安石

姓名：王安石

籍贯：抚州临川（今江西抚州）

生卒年：1021—1086

字号：字介甫，号半山

代表作：《元日》等

名句：千门万户曈曈日，

总把新桃换旧符。

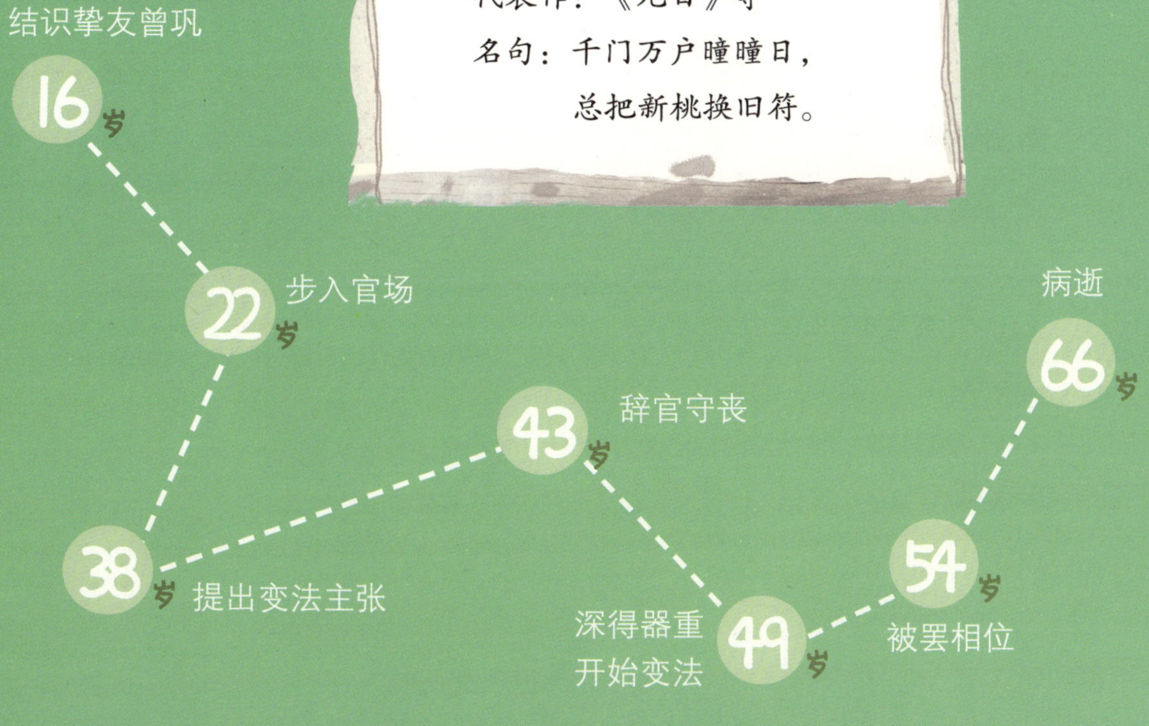

天变不足畏，

祖宗不足法，

人言不足恤。

在积贫积弱的北宋，曾经有一位强者为了宋朝的百姓，为了宋朝的江山，毅然扛起了变法的大旗，他就是王安石。

王安石为了挽救时局而开展的变法，是中国古代历史上一次规模巨大的政治变革运动。但是变法触犯了大官僚、大地主的利益，遭到了强烈反对。随着变法的失败，王安石只能黯然下台。

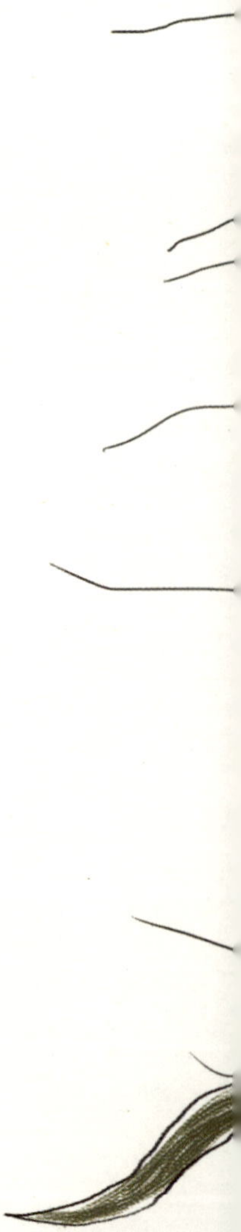

知识小达人

新旧党争

新旧党争是围绕王安石变法新政的执行而引发的一场党争。以王安石为代表的新党支持新政，以司马光为代表的旧党反对新政。新旧两党争执不断，更迭执政，使新法时行时废，臣民无所适从。

1021 年，在临川，一名叫王益的临江军判官喜得一子。王益全家都沉浸在喜悦之中。没有人能想到，就是这个孩子多年后轰轰烈烈地拉开了宋朝变法的序幕。

因为受到父亲的影响，王安石自幼品行就很端正。稍大时，王安石随着父亲宦游四方，将百姓的疾苦看在眼里，记入心中，并立志要改变现状。

1036 年，王安石随父进京，结识了他此生的挚友曾巩。两人惺惺相惜，抵足而眠。

因为北宋当时政治不算清明，曾巩担心王安石珠玉蒙尘，于是将他推荐给当时的文坛领袖欧阳修。

1042 年，王安石进士及第，获授校书郎、签书淮南节度判官厅公事，开始了自己的官场生涯，其后许多年一直在地方为官。他能看见百姓的疾苦，也注意到上层的骄奢淫逸。在此期间，他心中让百姓过得更好的想法愈发坚定。

在一邑，
则治善一邑，
惠及万民。

1058 年，王安石当上了度支判官。当时北宋的状况愈发严峻。西夏的侵扰不断升级，国库大量的银钱用来养兵，士兵的数量逐年上升，但是战斗力却很弱。北宋时期，占人口少数的地主，却霸占着绝大部分土地，农民起义此起彼伏。王安石进京述职的时候，向宋仁宗系统地提出了变法的主张。

宋仁宗虽然也觉得有变法的需要，但是出于各种原因没有采纳王安石的主张。1063 年，王安石的母亲去世了。在母亲去世和满腔抱负无处施展的打击下，王安石辞官回江宁守丧。

1067年，王安石等到了宋神宗即位。王安石被起用为江宁知府，后担任翰林学士兼侍讲，深得宋神宗的器重。

1069年，王安石任参知政事，此时他已经49岁了。这年的春节，外面爆竹声响，屋里的仆人们忙得热火朝天。王安石在书房中埋头思考变法的方案。

到了吃饭的时候，王安石走出书房。他看到温暖的阳光照射在大门贴着的桃符上，感觉一切都是新的。他和家人们围坐在一起，愉快地喝起了屠苏酒。

此时的王安石正值意气风发、官运亨通之时。想到变法方案实施后百姓生活的新气象，王安石心情很好，随手写下一首《元日》。

位同宰相的王安石开始在全国范围内推行新法。从当时的情况来看，王安石所提出的新法具有进步意义。任何一项新的政策，都要经年累月才能取得成效。只可惜，很多保守派官员没有给王安石时间。比如韩琦、司马光等人。

司马光认为王安石所有的政策都是与民争利，会造成百姓负担加重。虽然反对变法的人很多，可是那些人始终不能提出更好的方案。

最后宋神宗乾纲独断，将不少反对派官员免职。这在表面上看是双方利益的冲突，实际上是新旧思想的冲突。

随着新法的推行，反对的声音越来越大。曾巩和王安石这对挚友也因为政见不同而产生隔阂，来往渐少。

1073 年冬到 1074 年春，天下大旱，百姓流离失所，不少大臣认为这是王安石变法触怒上天的结果。

面对大臣们的苦苦劝说，宋神宗想要变法的决心渐渐动摇，加上曹太皇太后和高太后也向宋神宗哭诉“王安石乱天下”，宋神宗便罢免了王安石的相位。

不久，王安石调任江宁知府。兜兜转转，王安石又回到了江宁。

虽然后来王安石再度拜相，但没能再起波澜。随着时间的流逝，似乎一切的争议都显得那样无足轻重了。于是，在曾巩去世前，王安石去看望曾巩。

曾经意气风华的少年郎都已两鬓苍苍。两人相望，感慨万分。

挚友走后，在宋神宗死后一年，王安石也病逝了，留下了无限的遗憾。王安石的变法虽然受到毁誉参半的评价，但是他勇于任事、敢于创新的精神穿越千年，依然熠熠生辉。

扫码点读

yuán rì

元日①

[宋] 王安石

bào zhú shēng zhōng yí suì chú

爆竹② 声 中 一 岁 除③，

chūn fēng sòng nuǎn rù tú sū

春 风 送 暖 入 屠 苏。

qiān mén wàn hù tóng tóng rì

千 门 万 户 曈 曈④ 日，

zǒng bǎ xīn táo huàn jiù fú

总 把 新 桃⑤ 换 旧 符。

注释

①元日：农历正月初一。

②爆竹：鞭炮。

③一岁除：一年过去了。除，逝去。

④曈曈：日出时光辉灿烂的样子。

⑤桃：桃符。在古代，农历正月初一时人们将桃符悬挂在大门上，用来避邪。

大意

在鞭炮声中，旧的一年已经过去了。阵阵春风送来温暖，人们开心地喝着屠苏酒。

初升的太阳温暖明亮，照耀着千家万户。家家户户都把旧桃符取下，换上新桃符。

bó chuán guā zhōu
泊船①瓜洲②

扫码点读

[宋] 王安石

jīng kǒu guā zhōu yì shuǐ jiān
京口③瓜洲一水④间，

zhōng shān zhǐ gé shù chóng shān
钟山⑤只隔数重山。

chūn fēng yòu lǜ jiāng nán àn
春风又绿⑥江南岸，

míng yuè hé shí zhào wǒ huán
明月何时照我还？

注释

①泊船：停船。泊，停泊，指停泊靠岸。

②瓜洲：古镇名，在长江北岸，扬州南郊，即今扬州市南部长江边，京杭大运河分支入长江处。

③京口：古城名。故址在今江苏省镇江市。

④一水：一条河。这里的“一水”指长江。

⑤钟山：在今江苏省南京市城区东部。

⑥绿：吹绿。

大意

站在瓜洲渡口，放眼南望，京口和瓜洲之间只隔着一条长江。钟山与这里也只隔着几座青山。

温柔的春风又吹绿了长江南岸。天上的明月呀，你什么时候才能照着我回家呢？

闲话历史

同在朝廷上班，总有意见不一致的同事，这很正常。王安石就有一位很著名的政敌——苏轼。两个人由于政治意见不同逐渐疏远。有一次，苏轼上书谈论新法的弊病，王安石得知后生气地对宋神宗说：“苏轼才高，但所学不正。”结果宋神宗就将苏轼调离了京城。

在新法正式推行之前，还有一段小插曲。宋神宗在提拔王安石的同时，也提拔了司马光。当时围绕祭祀大典的赏赐问题，王安石和司马光展开了一场激烈的交锋。

两个人的争论点从赏赐延伸到了国家收支方面。王安石认为，国家之所以缺钱是因为缺少理财的人才，善于理财的人可以在不增加百姓负担的条件下，增加国家收入。而司马光认为，善于理财的人不过是变相搜刮民脂民膏，而国家的物质财富总数有限，在不增加百姓负担的条件下增加国家收入是无稽之谈。

3. 大唐耿直第一人——

骆宾王

姓名：骆宾王

籍贯：婺州义乌

生卒年：619？—684？

字号：字观光

代表作：《咏鹅》等

名句：白毛浮绿水，

红掌拨清波。

7岁 作《咏鹅》

33岁 于道王李元庆处做幕僚

61岁 官拜侍御史，上书讽刺武则天，后被诬告入狱

66岁 参与讨伐武则天，后逃亡，不知所踪

离心何以赠，
自有玉壶冰。

大唐享国近三百载，诞生了无数风流才俊。那些才华横溢的文人骚客，在大唐的历史星空中留下了浓墨重彩的篇章。

这么多的文人骚客，若论文笔、风采，很难评判谁是最好的那个。但是若论正直，那么骆宾王一定是排在前列的。

骆宾王出生在婺州义乌的一个小村子里。骆姓是当地望族，早在东汉末年和三国时期，就出过骆俊、骆统等著名人物。骆宾王的祖父和父亲都是饱学之士。他们望子成龙，骆宾王的名（宾王）和字（观光）都来源于《易经》中的观卦：“观国之光，利用宾于王。”

在骆宾王小的时候，他的父亲在青州博昌任县令，死在了任上。于是骆宾王流寓博山，后移居兖州瑕丘县，在贫困落魄的生活中度过了早年岁月。

如果给年少成名的诗人排个榜，骆宾王一定榜上有名。他在我们上小学的年纪，就已经凭借《咏鹅》名满天下啦！

知识小达人

初唐四杰

“初唐四杰”是指唐朝初年的四位著名文学家王勃、杨炯、卢照邻、骆宾王，他们简称“王杨卢骆”。这四位文学家以写骈文和赋闻名，他们的诗词水平也很高。

长大后，骆宾王去赶考，希望能在科举上博得功名。可是人人称赞的神童却在考场中失利了。

后来，骆宾王经人介绍，去道王李元庆那里做了幕僚。道王府中官吏众多，骆宾王在这里并没有受到重视，只是白白耗费了几年的光阴。后来朝廷诏令各地举荐人才，李元庆让骆宾王陈述自己的才能，然后启表上奏。结果骆宾王耻于自炫，说自己才疏学浅，拒绝了李元庆，这让李元庆十分吃惊。

这种恃才傲物的作风使骆宾王在官场上很难立足。道王死后，骆宾王就收拾包裹，跑到乡下种地去了。

俗话说“上天给你开启一扇窗，自然要关闭一扇门”。诗词歌赋样样精通的骆宾王，硬是没有开启种地的天赋，十几年下来越种越穷。

664 年，唐高宗要到泰山封禅，让沿途各州县为国举贤。骆宾王被推举作赋，他终于低下了高傲的头，写了篇《请陪封禅表》，据此被封为奉礼郎兼东台详正学士。

后来，吐蕃进犯大唐，骆宾王因事被贬谪，从军至西域，立志建功立业。

61 岁的时候，骆宾王官拜侍御史，迎来了自己的高光时刻。

当了侍御史的骆宾王一点儿都不开心，因为他发现溜须拍马的官员太多了。他还特别反对武后参与朝政。骆宾王向皇帝唐高宗进谏说：“女人不涉政，这是自古以来的政治规矩。您千万不要忘记汉朝‘吕后干政’的历史教训啊！”

在我们现在的社会中，有很多女政治家，但是在古代，这是与世俗相违背的。

知识小达人

武则天

武则天是我国历史上唯一的一位女皇帝。她称帝后，废唐国号，改国号为周。“武则天”是世人对她的尊称，来源于她的尊号“则天大圣皇帝”。

骆宾王这下倒霉了，武后知道此事后震怒，文武百官也纷纷进言，说骆宾王对皇帝和武后不敬。加上有人诬告他贪腐，他被关进了监狱。在监狱里，骆宾王写了一首《在狱咏蝉》，借蝉来表达自己不同流合污的志向。

骆宾王很幸运，在他入狱的第二年，就因遇大赦而重获自由。出狱后的骆宾王离开都城长安，来到幽燕之地。一天，骆宾王送别自己的好友，不知不觉走到了一条河边。这就是几百年前荆轲唱《易水歌》的地方啊！骆宾王不禁由荆轲想到自己，有感而发，写下了《于易水送人》。

684 年，武则天废中宗为庐陵王。这年 9 月，徐敬业在扬州起兵反对。骆宾王此时为徐敬业的幕僚，掌管文书机要。他起草了著名的《代李敬业（即徐敬业）传檄天下文》（后人改题作《讨武瞾檄》）。骆宾王在为徐敬业写这篇檄文之时，将内心的愤怒和对于武则天这种行为的厌恶全都表达了出来，许多人都被这篇文章所感动，一时之间徐敬业的起义军就扩大到了十万余人。

后来徐敬业失败了，骆宾王也不知去向。有人说他被杀了，也有人说他出家了。“初唐四杰”之一的才子就这样消失在历史的迷雾中。

yú yì shuǐ sòng rén

于易水送人

[唐] 骆宾王

扫码点读

cǐ dì bié yān dān
此地①别②燕丹③，

zhuàng shì fà chōng guān
壮士发冲冠④。

xī shí rén yǐ mò
昔时⑤人已没⑥，

jīn rì shuǐ yóu hán
今日⑦水犹⑧寒。

注释

①此地：易水岸边。荆轲告别太子丹的地方。

②别：告别，作别。

③燕丹：燕国太子丹。

④发冲冠：形容生气时，束起的头发直竖起来，把头上的帽子都顶起来了。冠，帽子。

⑤昔时：昔日，从前。

⑥没：通假字，通“歿”，死亡的意思。

⑦今日：现在。

⑧犹：仍然，依然。

大意

就是在这个地方，剑客荆轲拜别燕国太子丹。送别的人因荆轲的悲歌而怒发冲冠。

从前的英雄已经不在了。今日的易水还是像过去那样寒冷。

yǒng é

咏鹅

[唐] 骆宾王

扫码点读

é é é

鹅，鹅，鹅，

qū xiàng xiàng tiān gē

曲项①向天②歌③。

bái máo fú lǜ shuǐ

白毛浮绿水④，

hóng zhǎng bō qīng bō

红掌拨⑤清波⑥。

注释

①曲项：弯着脖子。

②向天：朝着天空。

③歌：长鸣。

④浮绿水：漂浮在绿色的水面上。

⑤拨：划动。

⑥清波：清澈的水波。

大意

鹅，鹅，鹅。一群长着雪白羽毛的白鹅弯着长长的脖子，朝着天空歌唱。

白色的羽毛轻轻地漂浮在绿色的水面上。红色的脚掌划呀划呀，拨动出清澈的水波。

闲话历史

侍御史是骆宾王一生中当过的最大的官。不过好景不长，在升职的那年冬天，他因上书触怒了武则天，加之受人诬陷而被捕下狱。在狱中，他苦恼不已，只能通过作诗来发泄心中情绪。

《在狱咏蝉》

西陆蝉声唱，南冠客思侵。
那堪玄鬓影，来对白头吟。
露重飞难进，风多响易沉。
无人信高洁，谁为表予心！

徐敬业兵败后，骆宾王和徐敬业逃到了润州，原本打算坐船走水路逃到高丽去。但是世事难料，徐敬业的部下王那相带头反对徐敬业，徐敬业等人被王那相给砍了脑袋。然而关于骆宾王的结局，不同的史书上却有不同的记载。《旧唐书》和《资治通鉴》中记载骆宾王也被杀了，而《新唐书》中却说骆宾王逃跑了，所以骆宾王的结局也成为一桩谜案。

4. 敢刺秦王的燕国猛士——

荆轲

注：因为荆轲生卒年不详，因此没有罗列其生平。

风萧萧兮易水寒，

壮士一去兮不复还。

战国时期，秦国凭借强大的武力，不断讨伐其他国家，意图统一天下。秦国吞并了韩、赵、魏等国后，开始对燕国虎视眈眈。燕国的太子丹深知本国人少兵弱，如果与秦国硬碰硬，那就是自寻死路。

一位谋士对太子丹说：“我听说秦军早已厌倦了战争，只有野心勃勃的秦王总想统一天下。”意思是说只要秦国易主，战争就有望平息。

“那你有什么妙计？”太子丹赶紧问道。谋士说：“我没有办法，但我向您推荐一个人，他肯定有办法。”于是，谋士向太子丹推荐了著名侠客田光。

知识小达人

谋士

谋士是指具有智慧、善于出谋献计的人。谋士常常以门客、军师、幕僚等身份，以自己的智慧为王侯的霸业服务。我国古代著名的谋士有吕尚（姜太公）、管仲、范蠡等。

太子丹决定结交田光。在与田光见面之前，他左思右想，觉得刺死秦王是最好的救国方案。于是，见到田光之后，他向田光诉说了自己的刺杀计划，希望田光能帮忙。

年迈的田光说道：“身为燕国人，我愿意赴死救国。只是我老了，无法完成如此重任。这样吧，我向您推荐一人——荆轲，他一定能完成任务。”

知识小达人

侠客

我国自古以来就推崇行侠仗义的侠客精神。司马迁曾将侠客分成“布衣之侠”“乡曲之侠”“闾巷之侠”等不同类型。诗仙李白也对侠客精神推崇至极，写了不少咏侠诗。

计划已定，太子丹与田光开始商量具体的细节。他们策划了一个看起来十分完美的方案：作为燕国使节的荆轲，携带地图假意向秦王割地求和。荆轲事先在地图里藏好淬毒的匕首，等他在秦王面前打开地图时，伺机拿出匕首刺杀秦王。

为了让秦王深信不疑，荆轲带上了秦国叛将樊於期的人头。

田光将荆轲推荐给太子丹，并谋划好刺杀秦王的计划后，便拔剑自刎了。这是为什么呢？原来，田光作为一名死士，不能以死完成任务，就要以死保守国家机密。他的悲壮之举让太子丹和荆轲敬佩不已。

太子丹将荆轲奉为上宾，送给他很多贵重的礼物。荆轲很感动，更加坚定了完成使命的决心。太子丹命武士秦舞阳作为荆轲的助手，并与荆轲约定数日后启程。

荆轲启程的那天，天刚蒙蒙亮，太子丹和一些大臣们就早早地等在荆轲家门口，为他送别。他们一直把荆轲送到易水河边。荆轲的好朋友高渐离听说了这件事情，也早早地等在河边。

高渐离见荆轲到来，便奏响筑。此时，荆轲的胸中涌起万丈豪情，便跟着击筑的节奏唱起了歌。唱罢，他告别送行的人，头也不回地离去了。

荆轲来到秦王嬴政的宫殿，面对威严的秦王和文武百官，他毫无惧色。他向秦王献上了樊於期的人头。随后对秦王说：“大王，燕国的地图我已经带来了。但是您对燕国的地形不了解，还是让我给您讲一讲吧！”秦王同意了。荆轲走近秦王，慢慢打开地图，待地图全部打开时便拔出事先藏好的匕首准备行刺。一道寒光闪过，秦王迅速闪避。荆轲追刺秦王，秦王绕柱奔逃。而后秦王拔剑反击，荆轲身受重伤。此时，殿外侍卫一拥而上，斩杀了荆轲和殿下的秦舞阳。

很快，秦王就查明了事情的真相。“好你个太子丹，竟然用这种计谋对付我！”秦王大发雷霆。

原来，嬴政与太子丹很早就认识了。那时候赵国比较强大，燕国的太子丹和嬴政都被当作人质送到了赵国。两个小伙伴常常一起玩耍。后来嬴政先回到了秦国。太子丹又一次被当作人质送到了秦国。两人相见，并没有再续往日的友谊，毕竟此刻的他们代表的是两个国家。后来，太子丹从秦国逃走，嬴政忙着攻打其他国家，也就没有追捕他。而这一事件发生之后，嬴政下令召集军队，进攻燕国。

消息传到了燕国，燕王喜吓得六神无主。他听信小人谗言，以为杀了太子丹就能平息秦王的怒火，使秦国退兵。但是，秦王得到太子丹的首级后并没有放弃攻灭燕国的图谋。

五年后，燕国被秦所灭。

yì shuǐ gē
易水歌

佚名

扫码点读

fēng xiāo xiāo xī yì shuǐ hán
风萧萧①兮②易水③寒，

zhuàng shì yí qù xī bú fù huán
壮士④一去兮不复还⑤。

tàn hǔ xué xī rù jiāo gōng
探虎穴⑥兮入蛟宫⑦，

yǎng tiān hū qì xī chéng bái hóng
仰天呼气兮成白虹⑧。

注释

①萧萧：秋风的声音。

②兮：语气词，相当于现代汉语中的“啊”。

③易水：古代河流名字，源出今河北省易县，是当时燕国的边界。

④壮士：指荆轲自己。

⑤不复还：不再回来。

⑥虎穴：老虎的巢穴。

⑦蛟宫：蛟龙的宫殿。诗中用虎穴、蛟宫代指秦国，意为刺杀秦王是一件非常危险的事情。

⑧白虹：白色的长虹，即日月周围的白色晕圈。

大意

秋风萧萧啊，易河水寒冷。壮士这一去啊，再也不能回来。刺杀秦王的行动就像探寻老虎的巢穴、深入蛟龙的宫殿一样危险。仰天呼出一口气都可以变成白虹。

闲话历史

筑是古代的一种弦乐器，形状像琴，有弦，弦下有柱。演奏时，左手按弦的一端，右手执竹尺击弦发音。筑在战国时代是一种很流行的乐器。现在，我们常以击筑比喻慷慨悲歌或悲伤送别。

“战国七雄”指齐、楚、燕、韩、赵、魏、秦七个国家。这七个国家的国力随着战事的变化而变化。

战国中期，魏国一度成为实力最强大的国家。战国后期，秦国一跃成为最强大的国家，并最终统一六国，建立了我国历史上第一个大一统的王朝。

“图穷匕见”这个故事最早见于司马迁写的《史记》中。后来，西汉的刘向在《战国策·燕策三》中写道：“秦王谓轲曰：‘起，取武阳所持图。’轲既取图奉之，发图，图穷而匕首见。”后来用以比喻事情发展到最后，真相或本意显露出来。

5. 纵情山水的传奇诗人——

王维

姓名：王维

籍贯：太原祁县（今属山西）

生卒年：701？—761

字号：字摩诘，号摩诘居士

代表作：《竹里馆》等

名句：深林人不知，

　　　明月来相照。

15岁　进京求仕

21岁　中进士

28岁　开始隐居生活

34岁　获得张九龄提拔

37岁　任职边塞

41岁　再次隐居

56岁　被迫担任安禄山所授伪职

61岁　作书向亲友辞别后离世

行到水穷处，
坐看云起时。

他在尘世，却又超凡脱俗。“空灵与寂灭，是诗画出尘，亦是心境入尘。”在王维之前，山水诗和田园诗是分开的。可是当王维横空出世后，二者自然而然地融合到了一起。

他天资聪慧，才华出众，一入长安就成了名人，受到权贵们的热烈欢迎。他半官半隐，工诗擅画。他曾于战乱中被俘，被迫担任伪职；但始终心系朝廷，终获宽宥并被再度起用。他也是大唐的一位深情诗人，妻子去世后，他终身未娶……

这样的一生，就算是现在看来，也极富传奇色彩。

王维出身河东王氏，幼时父亲去世，他 15 岁就踏上了进京求仕的道路。因为才华横溢，他一进长安就成了王公贵族的宠儿，还认识了唐玄宗的弟弟岐王。

当然，求学之路是很辛苦的。年少的王维为谋功名，远离家乡来到长安，逢年过节，内心更是无比孤独与凄凉。比如，有一年重阳节，他十分思念在家乡的亲朋好友，于是写了一首著名的《九月九日忆山东兄弟》。

在岐王的介绍下，王维认识了玉真公主，并得到玉真公主的青睐和推荐。

有人认为，王维受到玉真公主青睐就是因为《相思》一诗。据说宫廷乐师李龟年曾唱过这首诗，当时在场的人听了纷纷流下眼泪。把诗写得如此好，王维真是一位大才子呀！

21 岁时，王维状元及第，一时风光无两。后来，他被任命为太乐丞，在朝廷负责乐器、歌舞方面的事宜。

然而数月后，王维就因为“舞狮案”被贬到济州做司仓参军，也就是仓库管理员。

728 年，王维开始在淇上隐居。731 年，王维的妻子去世了，之后三十年他独居一室，没有再娶。

虽说是过着隐居生活，王维还是觉得自己应该拼一拼，于是再次来到了长安，这回他打算换条路走。

那个时候，张九龄在朝中担任宰相且学问水平较高，王维便写诗给张九龄以求引荐。

王维的诗极具文采，瞬间就打动了张九龄。就这样，王维获得了新官职——右拾遗。

谁能想到，没过一两年，张九龄就被李林甫排挤并被贬出京城。李林甫是当时大权独握，排斥贤才，使朝纲紊乱，使唐朝由盛转衰的关键人物之一。

为了怀念张九龄，王维写下了《寄荆州张丞相》：

所思竟何在，怅望深荆门。
举世无相识，终身思旧恩。
方将与农圃，艺植老丘园。
目尽南飞雁，何由寄一言？

737 年，王维也离开京城到外地做官，不过这回王维到的地方是西北边疆。在边疆，王维写了不少吟咏边塞风光、表现英雄气概的边塞诗。这次，他真正体会到了边疆的苍凉，当然也认识了新的朋友。

有朋友，就有离别。

渭城外，细雨纷纷，送行的人们不得不在驿馆避雨。行人不时能闻到泥土的气息。柳树下的两人举起酒杯，互相道别。一人说道：“元常兄，此行路途遥远，一定要多多保重。这杯酒，就是我们的离别酒！”

元常接过酒杯一饮而尽，对送行之人叮嘱道：“摩诘呀，你也要多多保重！”

王维看着元常将酒一饮而尽，望着远处模糊的道路感慨不已，写下了《送元二使安西》。

741 年，王维办完公务自岭南北归，而他的好友孟浩然前不久已经去世。王维路过襄阳的时候，为了纪念孟浩然，还特地给他写了一首诗。

唐玄宗天宝年间，奸臣当道，王维心怀退意，于是选择半官半隐，经营自己的辋川别业。

知识小达人

苏轼对王维的评价

苏轼曾经评价王维：“味摩诘之诗，诗中有画；观摩诘之画，画中有诗。”后人将李白誉为“诗仙”，将杜甫誉为“诗圣”，将王维誉为“诗佛”，可见王维在诗界的地位之高。

在辋川，王维整个人都很放松。有时候朋友裴迪来看他，他们就一起喝点小酒，作作诗。你来一首，我来一首，好不快活！

鹿柴是王维在辋川别业的胜景之一。那里树林茂密，王维曾作了一首《鹿柴》描述其周围的幽静景色。

裴迪也作了一首《鹿柴》：

日夕见寒山，便为独往客。
不知松林事，但有麏麚迹。

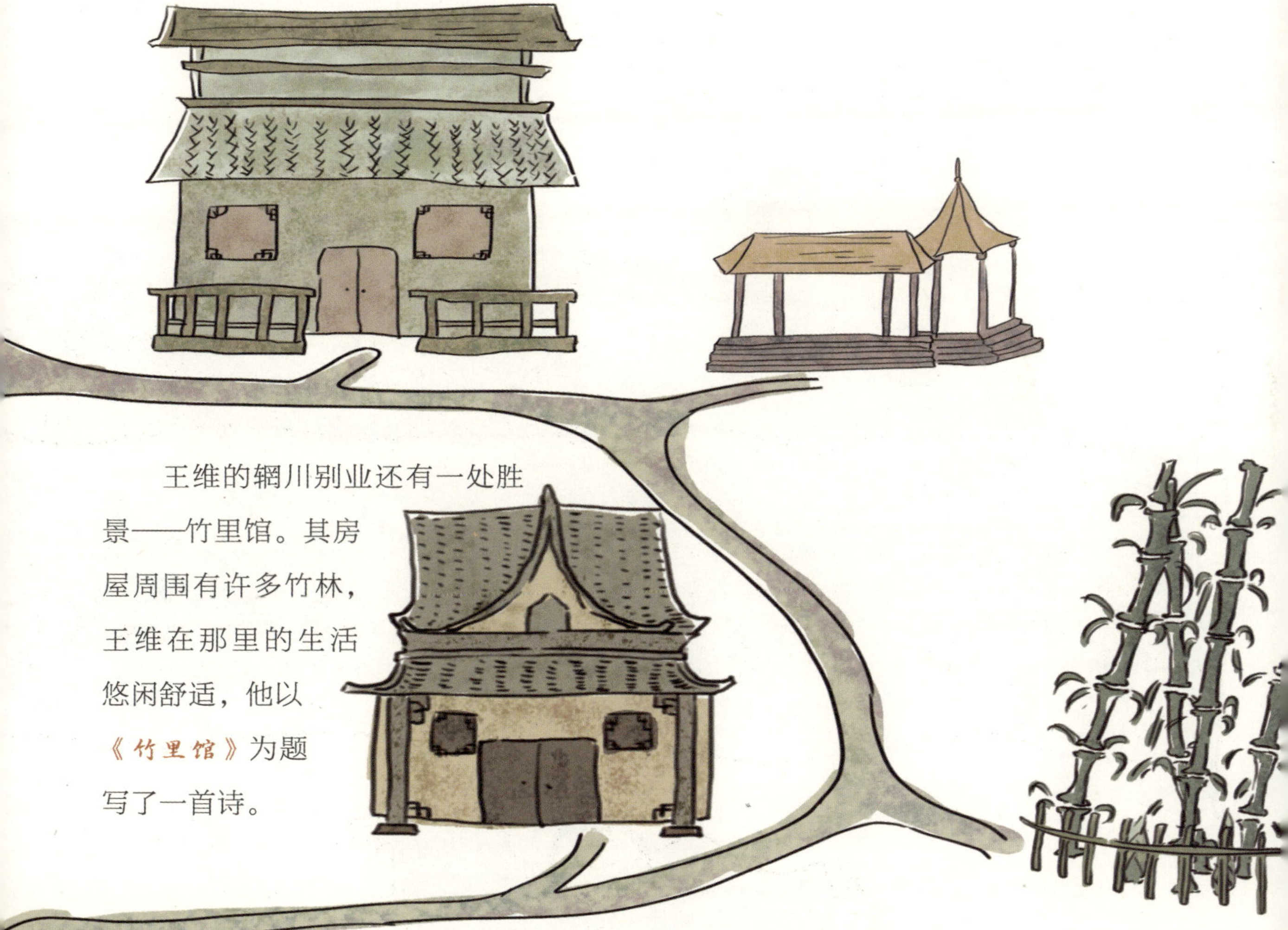

王维的辋川别业还有一处胜景——竹里馆。其房屋周围有许多竹林，王维在那里的生活悠闲舒适，他以《竹里馆》为题写了一首诗。

裴迪也作了一首《竹里馆》：

来过竹里馆，日与道相亲。
出入惟山鸟，幽深无世人。

没有朋友来访的时候，王维就一个人望着辋川的美景弹琴，甚至还在墙壁上作画。他画了一幅传世名画《辋川图》，这幅佳作备受后世推崇，临摹本较多。

756 年，安史叛军攻陷了都城长安，抓捕了大批官员，其中就有王维。王维被捕后被迫出任伪职。战乱平息后，王维入狱。因他被俘时曾作《凝碧池》抒发亡国之痛，再加上他立功的弟弟刑部侍郎王缙向皇帝求情，王维才保住了性命。

761 年，王维作书向亲友辞别后安然离世。

扫码点读

sòng yuán èr shǐ ān xī

送元二使安西

[唐] 王维

wèi chéng zhāo yǔ yì qīng chén
渭城朝雨浥①轻尘，

kè shè qīng qīng liǔ sè xīn
客舍②青青柳色新。

quàn jūn gèng jìn yì bēi jiǔ
劝君更③尽一杯酒，

xī chū yáng guān wú gù rén
西出阳关无故人。

注释

①浥：润湿。

②客舍：旅馆。

③更：再。

大意

早晨下的那场雨润湿了渭城地面的浮尘。青砖碧瓦的旅店外，柳条的新芽纤细娇嫩。

朋友哇，我劝你再喝一杯酒吧，等你向西出了阳关就再难见到这里的老朋友了。

xiāng sī

相思

[唐] 王维

扫码点读

hóng dòu shēng nán guó
红 豆① 生 南 国，

chūn lái fā jǐ zhī
春 来 发 几 枝。

yuàn jūn duō cǎi xié
愿 君 多 采 撷②，

cǐ wù zuì xiāng sī
此 物 最 相 思③。

注释

①红豆：又名相思子，一种生在南方地区的植物，呈朱红色。

②采撷：采摘。

③相思：想念。

大意

红豆生长在南方，春天里不知长出多少新枝。

希望你多采摘一些红豆，因为它最能引发思念之情。

jiǔ yuè jiǔ rì yì shān dōng xiōng dì

九月九日①忆山东兄弟

扫码点读

[唐] 王维

dú zài yì xiāng wéi yì kè
独在异乡②为异客③，

měi féng jiā jié bèi sī qīn
每逢佳节④倍思亲。

yáo zhī xiōng dì dēng gāo chù
遥知兄弟登高⑤处，

biàn chā zhū yú shǎo yì rén
遍插茱萸⑥少一人。

注释

①九月九日：重阳节。

②异乡：他乡、外地。

③异客：在外地生活的人。

④佳节：美好的节日。

⑤登高：古时习俗，家人在重阳节团聚登高。

⑥茱萸：一种植物，香味浓烈。

大意

独自在他乡生活的我，每逢佳节就格外思念远方的亲人。遥想我的兄弟们今年又要登高望远了，当他们插戴茱萸时，唯有我这个还在远方的人不在。

lù zhài

鹿柴[1]

[唐] 王维

kōng shān bú jiàn rén

空山不见人，

dàn wén rén yǔ xiǎng

但[2]闻[3]人语响。

fǎn yǐng rù shēn lín

返景[4]入深林，

fù zhào qīng tái shàng

复照[5]青苔上。

扫码点读

注释

①鹿柴：此为地名。柴，通“寨”。

②但：只。

③闻：听见。

④返景：夕阳返照的光。景，通“影”。

⑤照：照耀。

大意

山中空空荡荡不见人影，只听得到人说话的声音。

夕阳的金光射入深林中，又照在青苔上。

扫码点读

zhú lǐ guǎn
竹里馆

[唐] 王维

dú zuò yōu huáng lǐ
独坐幽篁①里，

tán qín fù cháng xiào
弹琴复长啸②。

shēn lín rén bù zhī
深林人不知，

míng yuè lái xiāng zhào
明月来相照。

注释

①幽篁：幽深的竹林。

②长啸：撮口而呼，这里指吟咏、歌唱。古代一些超逸之士常以此来抒发感情。啸，撮口发出长而清脆的声音，类似于吹口哨。

大意

独自闲坐在幽静的竹林里，一边弹琴一边高歌吟咏。

由于身处密林，无人知晓我在这里，只有一轮明月静静与我相伴。

shǐ zhì sài shàng

使①至塞上

扫码点读

[唐] 王维

dān chē yù wèn biān, shǔ guó guò jū yán.
单车②欲问边③，属国④过居延。

zhēng péng chū hàn sài, guī yàn rù hú tiān.
征蓬⑤出汉塞，归雁⑥入胡天。

dà mò gū yān zhí, cháng hé luò rì yuán.
大漠孤烟⑦直，长河⑧落日圆。

xiāo guān féng hòu qí, dū hù zài yān rán.
萧关⑨逢候骑，都护⑩在燕然⑪。

注释

①使：出使。

②单车：一辆车，车辆少，形容轻车简从。

③问边：到边塞去看望，指慰问守卫边疆的官兵。

④属国：古时称归附的地区为属国。

⑤征蓬：随风飘飞的蓬草，此处为诗人自喻。

⑥归雁：雁是候鸟，春天北飞，秋天南行，这里是指大雁北飞。

⑦孤烟：唐代边防军队使用的平安火。

⑧长河：大河，指黄河。

⑨萧关：在今宁夏回族自治区固原市东南。

⑩都护：唐朝在北部边疆所置的安西、安北等六大都护府的长官。

⑪燕然：古山名，即今蒙古国杭爱山。

大意

轻车简从想去慰问边关，路经属国时已过了居延。

随风飘飞的蓬草也飘出汉塞，北归大雁正翱翔云天。

浩瀚沙漠中孤烟直上，无尽长河上落日浑圆。

到萧关遇到侦察的士兵，告诉我都护已在燕然。

niǎo míng jiàn

鸟鸣涧①

[唐] 王维

rén xián guì huā luò
人闲②桂花③落，

yè jìng chūn shān kōng
夜静春山④空⑤。

yuè chū jīng shān niǎo
月出⑥惊⑦山鸟⑧，

shí míng chūn jiàn zhōng
时⑨鸣春涧中。

扫码点读

注释

①鸟鸣涧：鸟儿在山涧中鸣叫。

②闲：安静，悠闲。

③桂花：春桂，现在叫山矾，也有人叫它山桂花。

④春山：春日的山。

⑤空：空寂，空空荡荡。

⑥月出：月亮升起。

⑦惊：惊动，扰乱。

⑧山鸟：山中的鸟。

⑨时：不时地。

大意

寂静的山谷中没有人声，只有春桂花在无声地飘落。

春山在宁静的夜晚显得十分空寂。

月亮升起，月光照向大地时惊动了山中的栖鸟。

它们不时地在春天的溪涧里鸣叫。

huà
画

扫码点读

[唐] 王维

yuǎn kàn shān yǒu sè
远看山有色①，

jìn tīng shuǐ wú shēng
近听水无声。

chūn qù huā hái zài
春去花还在，

rén lái niǎo bù jīng
人来鸟不惊②。

注释

①色：颜色，也有景色之意。

②惊：吃惊，害怕。

大意

远看山脉有颜色，走近一听，流水没有声音。

春天已经远去，但是花还在。

人走近，可是鸟依然没有受惊飞走。

闲话历史

王维是一位虔诚的佛教徒，他的诗歌创作也在不同程度上受到了佛教思想的影响，因此他得到了“当代诗匠，又精禅理”的赞誉。

《辋川图》是王维晚年隐居辋川的时候，在清源寺墙壁上所作的单幅壁画。后来清源寺被毁，此画无存。现在人们见到的都是后人的临摹本。

虽然安禄山肚子里没有多少墨水，但他却非常欣赏那些有才的人，比如王维。但王维不肯与安禄山这种人为伍，于是他就吃药装病，以逃避麻烦。安禄山很怜惜他，安排他到洛阳的普提寺静养，然后再逼他投降和当官，可以说弄得王维苦不堪言。

6. 深情才子——韩翃

姓名：韩翃

籍贯：南阳（今属河南）

生卒年：不详

字号：字君平

代表作：《寒食》等

名句：日暮汉宫传蜡烛，

轻烟散入五侯家。

注：因为韩翃生卒年不详，因此没有罗列其生平。

浮云不共此山齐，
山霭苍苍望转迷。

在“大历十才子”里，韩翃是比较著名的一位。这并不只是由于他的文学造诣很高，还因为他与妻子的经历十分传奇。

唐朝天宝年间，韩翃羁滞长安，此时他还只是一个怀才不遇、贫困潦倒的穷书生。有一位名叫李生的人跟韩翃很要好，这个李生很爱才，并且家中富有，歌姬舞姬众多。

李生的一位宠姬柳氏擅长歌舞，美艳无双。有一次，柳氏无意中见到韩翃，暗生情愫，于是便对她的侍女说：“韩先生哪里会是长久贫贱之辈呢？”

李生也是个豪侠似的男子，知道柳氏对韩翃的情谊后，宽宏大量，不以为忤，而是转头问了韩翃的意思。当李生知道韩翃对柳氏也有意的时候，不但将柳氏赠于韩翃，还慷慨解囊，拿出巨资赠给两人，成全了两人的婚事。

后来，韩翃新科及第，回老家省亲。因为路途遥远，就将柳氏留在长安。

没过多久，安史之乱爆发，烽烟四起，两京沦陷，韩翃与柳氏被迫分离。半壁江山都成焦土，大唐盛世的辉煌气象烟消云散。

为避兵祸，留在长安的柳氏在危难时刻冷静地穿上缁衣，寄居法灵寺。韩翃则辗转进入平卢节度使侯希逸麾下做了一名书记，与柳氏天各一方。

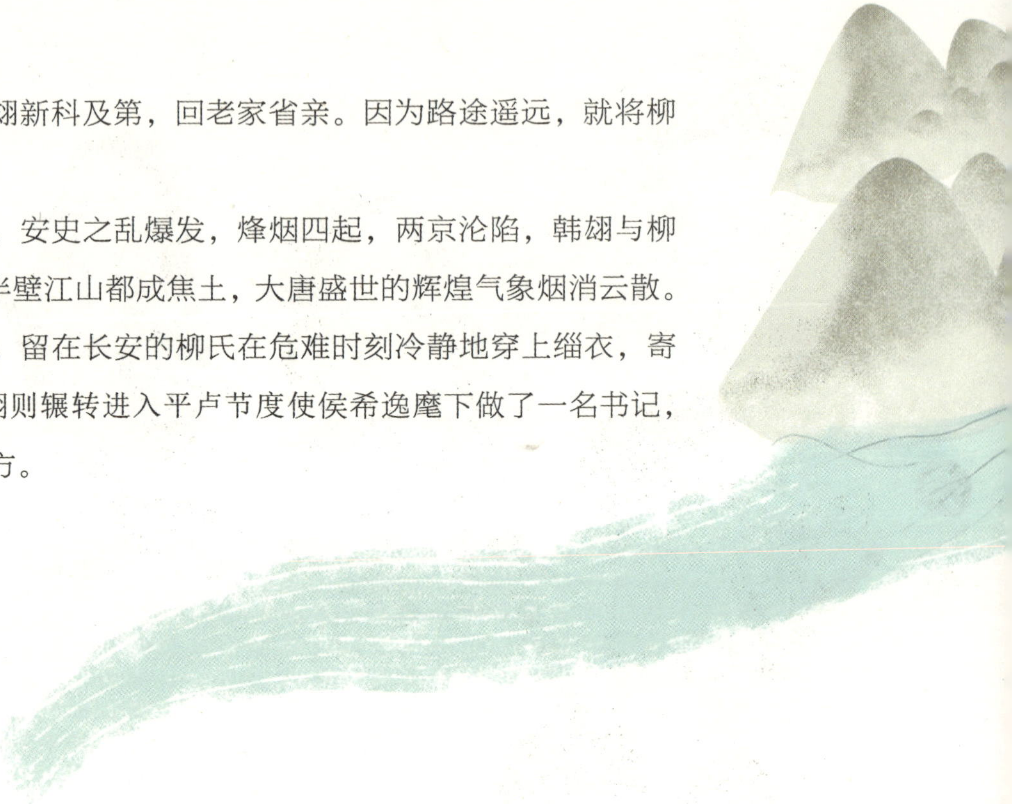

战乱中，韩翃日日担忧柳氏，写下了这首《章台柳·寄柳氏》：

章台柳，章台柳，
昔日青青今在否？
纵使长条似旧垂，
也应攀折他人手。

等到唐肃宗收复长安，韩翃便遣人到长安四处寻访柳氏并将此诗带给她。柳氏见到这首诗后泣不成声，回赠一首《答韩翃》：

杨柳枝，芳菲节，
可恨年年赠离别。
一叶随风忽报秋，
纵使君来岂堪折！

造化弄人，躲在寺庙的柳氏最终还是被一个“蕃将”沙吒利抢走了。后来韩翃跟随侯希逸入京觐见，满以为会夫妻团聚，却没有想到自己的妻子被人抢走了。

后来同僚知道后，将沙吒利的恶行告到了唐肃宗那里。不久，唐肃宗下诏把柳氏送还韩翃。至此，离散多年的两人终于破镜重圆。

有一年寒食节的时候，韩翃称病在家，看着家家户户的烟囱没有升起炊烟，他有感而发，挥笔写了一首《寒食》。

路人听到他的这首诗，都夸赞他写得好。过了不久，这首诗就传到了唐德宗的耳中。

知识小达人

寒食节

寒食节在清明节前的一两天。按照传统习俗，当天禁烟火，只吃冷食。后来逐渐增加了祭扫、踏青等风俗。

虽然该诗暗藏讽意，但其凭借生动形象的描写为唐德宗所称赞。

唐德宗十分欣赏这首诗，特意下诏提拔韩翃。最终，韩翃官至中书舍人。

hán shí

寒食

扫码点读

[唐] 韩翃

chūn chéng wú chù bù fēi huā

春城①无处不飞花，

hán shí dōng fēng yù liǔ xié

寒食东风御柳②斜③。

rì mù hàn gōng chuán là zhú

日暮汉宫④传蜡烛⑤，

qīng yān sàn rù wǔ hóu jiā

轻烟散入五侯⑥家。

注释

①春城：暮春时的长安城。

②御柳：御苑之柳，皇城中的柳树。

③斜：此处古音读“xiá”。

④汉宫：指皇宫。

⑤传蜡烛：传送蜡烛。寒食节禁止生火，但权贵宠臣却可以得到皇帝恩赐的蜡烛。

⑥五侯：泛指权贵宠臣。

大意

暮春时节的长安城内到处都是飞舞的柳絮。寒食节里，东风吹拂着生长在皇家御苑的一株株柳树。

夜幕降临，皇宫里忙着传送皇帝赏赐的蜡烛，阵阵轻烟随之散入权贵宠臣的家里。

闲话历史

《寒食》中的“五侯”一说指东汉外戚梁冀一族的五侯，另一说指东汉桓帝时的宦官单超等同日封侯的人。诗中泛指权贵宠臣。

中唐皇帝大多宠信外戚或者宦官，以致那些外戚、宦官狐假虎威，借着天子的权势无法无天。唐德宗继位之前，唐朝宦官的势力就已经很膨胀了。韩翃的《寒食》是在借古讽今，讽刺皇帝宠信近臣。

“章台柳”意为章台的柳树，韩翃用它来暗喻身在长安的柳氏。章台本是战国时秦国渭南离宫的台名，秦王曾在此宫接见蔺相如。旧时常常用来代指长安，后来才慢慢变了意思。

7. 骂人不带脏字的散曲家——

王磐

姓名：王磐

籍贯：高邮（今属江苏）

生卒年：约 1470—1530

字号：字鸿渐，号西楼

代表作：《朝天子·咏喇叭》等

名句：喇叭，唢呐，

曲儿小腔儿大。

注：因为王磐的具体事迹没有史书记载，因此没有罗列其生平。

好雨逡巡留客住，
浮云南北为谁忙。

古代终身不仕、纵情于山水之中的文人数不胜数，在明朝就有一位这样的名士，他就是王磐。王磐终身没有当过官，自己在高邮城西筑楼，终日与文人雅士歌吹吟咏，创作了不少著名的散曲。他的作品多表现他个人的闲情雅致，但也有不少深刻反映现实、抨击当权者之作，这些作品广为流传。他被誉为“南曲之冠”。

有一天，王磐在运河边上散步。他发现最近往来的大型船只很多，仔细一看，原来是宦官指挥着船只运送货物。

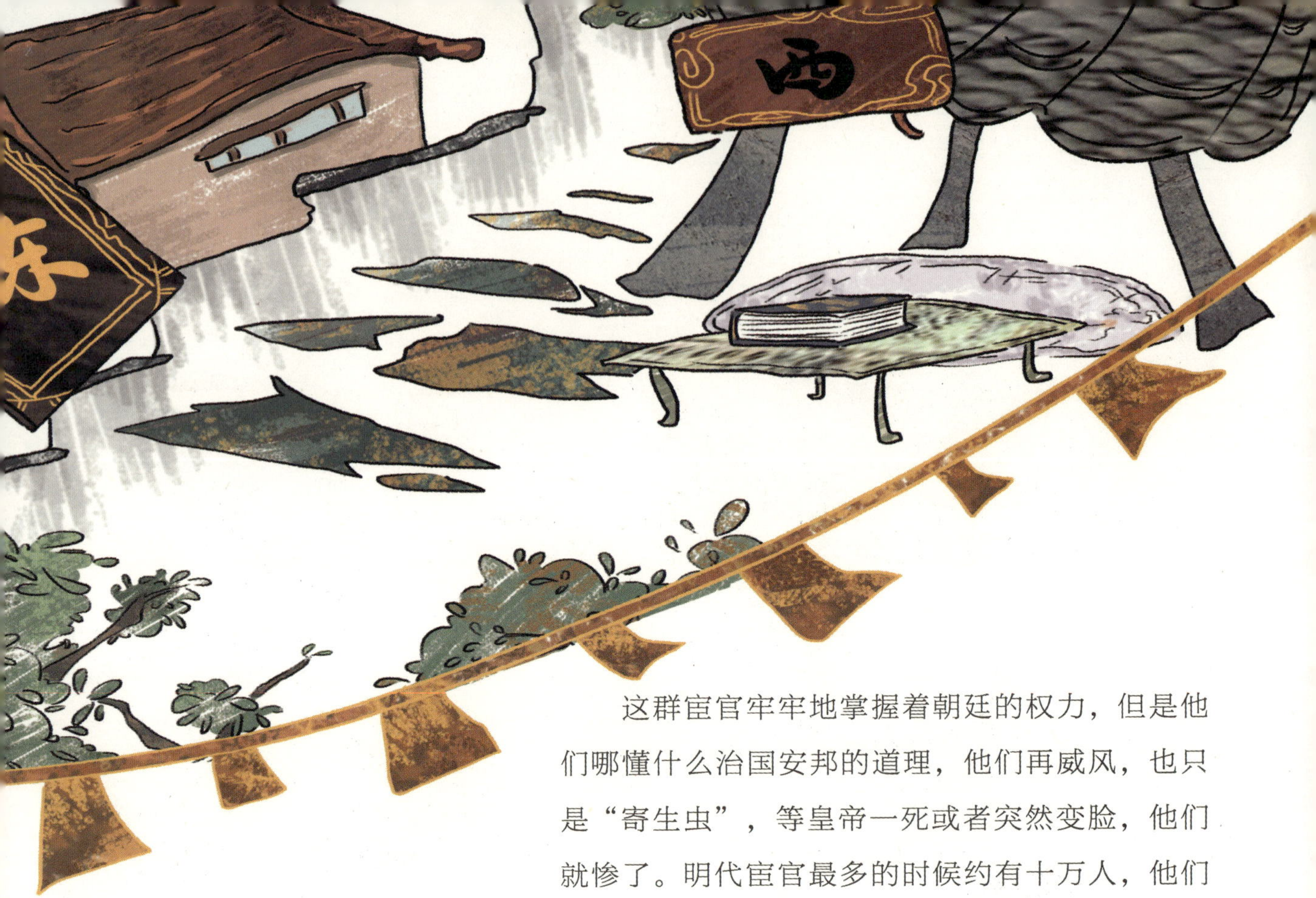

这群宦官牢牢地掌握着朝廷的权力，但是他们哪懂什么治国安邦的道理，他们再威风，也只是“寄生虫”，等皇帝一死或者突然变脸，他们就惨了。明代宦官最多的时候约有十万人，他们操纵着朝廷的各个重要部门。

知识小达人

东厂、西厂

东厂全称“东缉事厂”，是明代的宦官侦缉机构，由宦官担任首领。东厂可以不经过司法程序就随意抓人。西厂是“西缉事厂”，与东厂和锦衣卫合称“厂卫”，它的权力比东厂的权力大。

王磐看到这群宦官就气不打一处来，觉得必须把他们大骂一顿才解气。可是谁敢当面骂他们哪，那不是自寻死路吗？于是，聪明的王磐写了一首散曲，就是著名的《朝天子·咏喇叭》。

这首散曲表面上是写骚扰百姓的喇叭、唢呐，实际上是抨击这些让百姓不得安宁的宦官。

知识小达人

朝天子

“朝天子”是曲牌名，又名“谒金门”，曾用作词牌名。曲牌名与词牌名一样，都是曲调名，都有固定的音乐格式。曲牌名规定了曲子的字数、押韵韵脚和调式（类似于当代音乐的调式，如C大调、E小调）。

除了作散曲外，王磐也喜欢作画，且水平很高。高邮地区有句歇后语：“王西楼嫁女儿——话（画）多银子少。”嫁女儿用自己的画作陪嫁，足见王磐的画多有名气。

王磐不仅曲写得好，画画得好，医术也很了得。当时，江淮一带出现了严重的灾荒。王磐担心灾民们误食野菜中毒，就编写了一本《野菜谱》。

扫码点读

cháo tiān zǐ yǒng lǎ ba

朝天子①·咏喇叭

[明] 王磐

lǎ ba suǒ nà qǔ ér xiǎo qiāng ér dà guān chuán lái
喇叭，唢呐②，曲儿小腔儿大。官船来
wǎng luàn rú má quán zhàng nǐ tái shēng jià jūn tīng le jūn chóu mín
往乱如麻，全仗你抬声价。军听了军愁，民
tīng le mín pà nǎ lǐ qù biàn shén me zhēn gòng jiǎ yǎn jiàn de chuī fān
听了民怕。哪里去辨甚么真共假？眼见的吹翻
le zhè jiā chuī shāng le nà jiā zhǐ chuī de shuǐ jìn é fēi bà
了这家，吹伤了那家，只吹的水尽鹅飞罢③！

注释

①朝天子：曲牌名。

②唢呐：与喇叭相似的一种乐器。这里喇叭和唢呐都隐指宦官。

③水尽鹅飞罢：形容宦官把百姓的财产都搜刮干净了。

大意

喇叭和唢呐吹出的曲子短小，可是声音很大。官船来来往往，又多又乱就像乱麻，全都倚仗着你来抬高名声、身价。士兵听了发愁，老百姓听了害怕，哪里会去分辨什么真和假？眼看着有的人家倾家荡产，有的人家元气大伤，只吹得水干了，鹅也飞光了，民穷财尽啊！

gǔ chán gōng yuán xiāo
古蟾宫·元宵①

［明］王磐

扫码点读

tīng yuán xiāo wǎng suì xuān huá gē yě qiān jiā wǔ yě qiān jiā tīng
听元宵，往岁喧哗，歌也千家，舞也千家。听

yuán xiāo jīn suì jiē ya chóu yě qiān jiā yuàn yě qiān jiā nà lǐ yǒu
元宵，今岁嗟呀②，愁也千家，怨也千家。那里有

nào hóng chén xiāng chē bǎo mǎ zhǐ bú guò sòng huáng hūn gǔ mù hán yā shī yě
闹红尘③香车宝马④？只不过送黄昏古木寒鸦。诗也

xiāo fá jiǔ yě xiāo fá lěng luò le chūn fēng qiáo cuì le méi huā
消乏⑤，酒也消乏，冷落了春风，憔悴了梅花。

注释

①元宵：农历正月十五日为元宵节。这天晚上，民间有挂彩灯、观彩灯的习俗。

②今岁嗟呀：今年到处都是叹息的声音。

③闹红尘：尘世热闹。

④香车宝马：豪华的车马。

⑤消乏：消沉，贫乏。

大意

听元宵节的声音，去年是那么喧闹，家家户户都在唱歌跳舞。听元宵节的声音，今年到处都是叹息的声音，家家户户都在哀愁埋怨。哪里还有热闹的场景和豪华的车马？只有黄昏下的枯木和乌鸦。诗也消沉，酒水也贫乏，春风被冷落了，梅花也憔悴了。

闲话历史

正德是明武宗朱厚照使用的年号，时间是1506—1521年，共16年。正德年间，大明王朝弊病横生，江河日下。皇帝纵情声色犬马，疏于政事，宠信宦官刘瑾和佞臣江彬、钱宁。再加上蒙古时常骚扰北方边境，虎视眈眈，普通民众生活在水深火热中。

王磐一生洒落不凡，鄙视仕途。他工诗擅画，懂音律，长于作词曲。他的写怀咏物散曲以清丽见称。

关于王磐作品的历史记载非常少，只知道王磐著有《王西楼乐府》一卷，有明嘉靖三十年刊本，为其甥张守中所校订刊行。

8. 孤胆英雄——

陈子昂

姓名：陈子昂

籍贯：梓州射洪（今属四川）

生卒年：659—700

字号：字伯玉

代表作：《登幽州台歌》等

名句：念天地之悠悠，

独怆然而涕下！

18岁 弃武从文

21岁 在长安学习

26岁 获得武则天器重

35岁 升为右拾遗

38岁 随军出征契丹

40岁 辞官

42岁 含冤而亡

乃慨然仰叹。

忆昔乐生、邹子，群贤之游盛矣。

因登蓟丘，作七诗以志之。

生活中总有一些让人郁闷的事。比如，我们好不容易写完了作业，却把作业落在了家里，被老师一顿批评；我们终于有了一辆新自行车，快骑到校门口的时候摔了个“狗啃泥”，被同学嘲笑。对于诗人来说，最难过的事情莫过于一身的才华无处施展。

纵观整个大唐，但凡能留下名号的诗人，哪一个又是一帆风顺的呢？在这些失意者里，陈子昂凭借其诗文和风骨在群星闪耀的大唐文坛闪闪发光。

659 年，梓州射洪一个富有的地主家庭里，一个小男孩儿诞生了。这个小男孩儿就是陈子昂。

陈家在当地是有名的大户人家，西汉时候辅佐刘邦的陈平是陈家先祖。因为家中富有，再加上父母的溺爱，陈子昂从小养成了豪家子弟任侠使气的性格。

十七八岁的时候，陈子昂尚不知书，每天就想着做个侠客。直到有一天，陈子昂因为不小心伤了人，才决定弃武从文。史称其“数年之间，经史百家，罔不赅览。尤善属文，雅有相如、子云之风骨”。

21 岁时，陈子昂到京城长安，进入当时的最高学府国子监学习。

虽然陈子昂自读书以来就聪明勤奋，但是偌大的国家人才济济，他在长安默默无闻。

坊间传说，有一天，一个胡人叫卖一把天价胡琴，无人能买，陈子昂直接将琴买下，让众人改天来欣赏。

一传十，十传百，那天乌泱泱地来了数百号人。陈子昂出现后，将琴高举摔向地面。众人哗然。接着陈子昂朝着众人说道："我虽然没有二谢的才能，但也有屈原、贾谊的志向。入京以来，我带着众多诗文四处登门，无人赏识。这种乐琴是低贱乐工用的，我们怎么能弹它呢！"随后，他将自己的诗文递到众人手中。就这样，陈子昂一摔成名。

683 年，唐高宗李治驾崩了，继位的是唐中宗李哲。可是李哲的身边，还有一位“天后”——武则天。

当时武则天打算将唐高宗的灵柩运回长安，朝廷上下为此事而争论不休。

就在此时，一份奏疏打破了这个僵局，上书的就是陈子昂。他写了一篇《谏灵驾入京书》，力陈灵柩运回长安的弊端。

没几天，陈子昂的文章已经传得洛阳城人人皆知，武则天看后虽未采纳他的主张，但对他的文采大加赞赏，并接见了陈子昂。那一年，陈子昂担任麟台正字。虽然官位不高，但是因为受到了武则天的器重，陈子昂一时间风头无两。

陈子昂以为武则天就是自己的伯乐，但是他的做官之路并不顺畅。做官的第九年，陈子昂升为右拾遗，他多次冒着免官、杀头的危险谏言，但都未被采纳。

在朝廷中，陈子昂是孤独的，他不愿意随波逐流，不愿意趋炎附势。因此，他得罪了很多人。

696 年，契丹的李尽忠、孙万荣等举兵攻陷了营州。随后，武则天命武攸宜为主帅，陈子昂为军中参谋，命名将王孝杰、羽林卫将军苏宏晖等为前锋，共调动等 18 万大军征讨契丹，声势十分浩大。

王孝杰曾率兵收复安西四镇，威震吐蕃，此时令他领军出征，可知唐朝廷对此战的重视程度。然而，王孝杰带领大军北上征讨契丹，在东硖石谷中了契丹的埋伏，加之后方主力没有来支援，导致全军覆没，王孝杰坠崖身亡。

武攸宜听闻王孝杰战败，不敢领军继续前进。陈子昂看了急得如热锅上的蚂蚁，多次请求派兵驱敌。

对于主动请缨的陈子昂，武攸宜一开始还是客气的，但是他很不满陈子昂屡屡请战。于是恼怒的武攸宜把陈子昂降为军曹。

武则天不懂我的才能也就算了，怎么武攸宜也不懂我呀？！
蓟北樓

陈子昂眼看报国无望，郁闷地登上了蓟北楼。北风呼呼地刮着，他的内心无比忧愁。

知识小达人

王孝杰之败

王孝杰率领的军队冲出东硖石谷后，预先埋伏的契丹骑兵包抄而来。王孝杰临危不惧，快速列阵迎战，连续杀退契丹军。谁知，苏宏晖畏惧契丹军，听闻前锋被包围，直接率兵返回。王孝杰孤军奋战，寡不敌众，坠下山崖而死。

回望这十几年的为官生涯，朝堂之上一片“祥和”，尖锐的批评变成了委婉的建议，委婉的建议又变成了群体的沉默……在这样的氛围中，朝廷之中最后只剩一种声音，那就是赞美。

岁月不居，时节如流，时光很快就过去了，陈子昂总觉壮志难酬，心有余而力不足。

战后归京不久，陈子昂果断辞官回乡。没过多久，陈子昂的父亲去世了，他就在老家服丧。

居丧期间，有个叫武三思的权臣指使射洪县令段简罗织罪名，诬陷并迫害陈子昂。最终，年仅四十一岁的陈子昂冤死狱中。

dēng yōu zhōu tái gē

登幽州台歌

[唐] 陈子昂

扫码点读

qián bú jiàn gǔ rén

前①不见古人，

hòu bú jiàn lái zhě

后②不见来者。

niàn tiān dì zhī yōu yōu

念③天地之悠悠④，

dú chuàng rán ér tì xià

独⑤怆然⑥而涕⑦下。

注释

①前：过去。

②后：未来。

③念：想到。

④悠悠：形容时间的悠远和空间的广大。

⑤独：独自。

⑥怆然：悲伤的样子。

⑦涕：指眼泪。

大意

往前看，我见不到古代招贤纳士的圣君；往后看，我来不及见到后世求贤若渴的明君。

想这天地浩大苍茫，我却生不逢时，只能独自悲伤，流下眼泪。

扫码点读

dù jīng mén wàng chǔ

度荆门望楚

[唐] 陈子昂

yáo yáo qù wū xiá，wàng wàng xià zhāng tái。
遥遥①去巫峡，望望②下章台。
bā guó shān chuān jìn，jīng mén yān wù kāi。
巴国③山川尽，荆门烟雾④开。
chéng fēn cāng yě wài，shù duàn bái yún wēi。
城分苍野外，树断白云隈⑤。
jīn rì kuáng gē kè，shéi zhī rù chǔ lái。
今日狂歌客⑥，谁知入楚来。

注释

①遥遥：形容距离远。

②望望：瞻望貌，依恋貌。

③巴国：在今渝、鄂交界地带。

④烟雾：泛指烟、气、云、雾等。

⑤隈：山水尽头或曲深处。

⑥狂歌客：春秋时期楚国人陆通。后常用为典，亦用为狂士的通称。此处为诗人自况之语。

大意

已经远远地离开了巫峡，一再瞻望着走下章华台。

过尽了巴国的山山水水，荆门在蒙蒙烟雾中敞开。

城邑将苍茫的原野分割，葱郁的树林把天尽头断开。

今天我这狂傲的行客，谁知竟会走进这楚天中来。

闲话历史

陈子昂进一步发展了“初唐四杰”骆宾王、王勃、杨炯、卢照邻四人所追求的充实、刚健的诗风，将齐梁诗歌遗留的那种绮丽纤弱气息全部摒弃。

“杜甫陈子昂，才名括天地。”陈子昂不知道的是，在他死后，白居易会将他和杜甫相提并论。狂放如李白这样的谪仙，在提到陈子昂的时候，也得感慨一句“麟与凤”。陈子昂的杰出可谓举世公认。

陈子昂在散文革新上也是有贡献的。他的文集中虽也还有骈文，但那些对策、奏疏用的是朴实、畅达的古代散文，这在当时也是开风气之先。

图书在版编目（CIP）数据

藏在历史里的古诗词．2 / 刘鹤著；麦芽文化绘
．— 2版．— 成都：四川教育出版社，2022.9
ISBN 978-7-5408-8364-5

Ⅰ．①藏… Ⅱ．①刘… ②麦… Ⅲ．①古典诗歌－中国－中小学－教学参考资料 Ⅳ．①G634.303

中国版本图书馆CIP数据核字（2022）第154396号

CANG ZAI LISHI LI DE GUSHICI 2

藏在历史里的古诗词 2

刘鹤◎著 麦芽文化◎绘

出品人 雷 华
责任编辑 任 舸
责任校对 周代林
责任印制 田东洋
封面设计 春浅浅
出版发行 四川教育出版社
地 址 四川省成都市锦江区三色路266号新华之星A座
邮政编码 610023
网 址 www.chuanjiaoshe.com
印 刷 三河市祥达印刷包装有限公司
版 次 2022年9月第2版
印 次 2022年9月第1次印刷
开 本 720mm×787mm 1/12
印 张 10.5
书 号 ISBN 978-7-5408-8364-5
定 价 128.00元（全4册）

如发现印装质量问题，请与本社联系调换。总编室电话：（028）86365120
编辑部电话：（028）86365129

刘鹤 著

麦芽文化 绘

藏在历史里的古诗词

3

四川教育出版社

前　言

十几年前填报高考志愿时，我在中文专业和历史专业之间犹豫了很久。最终，父亲以“读史使人明智”为由为我选定了历史专业，这为我后来的工作和事业奠定了基础。

记得在学习古诗词时，我的脑海中常常跳出这样一些问题：“南朝四百八十寺”，南朝真的有四百八十座寺庙吗？为什么要建那么多寺庙呢？大诗人李白为什么要作诗赠予汪伦呢？戍守边关的将士们是不是对葡萄有所偏爱，否则怎会有“葡萄美酒夜光杯”的名句？沉浸在婉转的韵律和顿挫的节奏中，这些疑问变得越来越强烈，吸引着我去寻找答案。我相信，很多大朋友、小朋友和曾经的我都有过同样的困惑，而唯有走近诗（词）人，走进历史，才能找到答案。这套书也由此诞生。

中国古典诗词不仅是浓缩的汉语精华，充满韵律感、节奏感，散发着迷人的魅力，其中深藏的诗（词）人命运、时代背景、社会发展状况等更是吸引着一代又一代人

去探索。是的，我们传承的不仅仅是语言艺术，更是民族文化、民族精神。这套书并不拘泥于单纯的诗词教学，而是和孩子们一起回到古代，回到历史当中，回到创作的场景当中，看诗（词）人所看，思诗（词）人所思，悲诗（词）人所悲，乐诗（词）人所乐。走近诗（词）人，了解他们，融入他们，进而去见证一首首伟大作品的诞生，去感受一个个时代的兴衰。这四本书以诗（词）人的生平和古诗词的创作背景为线索，再现古诗词背后的历史故事。我始终相信，受古诗词滋养的孩子是被生活和命运垂青的幸运儿。他们不仅有着表达美的技能、创造美的能力，而且拥有纵观千年的豁达胸襟和淡看浮沉的从容与睿智。

如果你是学龄前的小朋友，你可以用此套书开启美妙的古诗词之旅。去吧，去看看那些有趣的人和有趣的事！

如果你是一名小学生，你可以将此套书立于案头。当你想学习古诗词时，翻开它们，走进诗（词）人的生活和情感，感受时代给予他们的自由或束缚！

如果你是一位古诗词爱好者，你可以将此套书置于床头。在每一个晨昏浸润于古诗词的美妙中，穿越于历史的浮沉间。

爱诗词，爱诗（词）人，更爱那些璀璨的时代。让我们带着这份深爱，一起走进历史，寻找藏在历史里的古诗词。我相信，你们一定会爱上这套书！

刘鹤

目 录

1. 风流倜傥的世家子——

杜牧

姓名：杜牧

籍贯：唐京兆万年（今陕西西安）

生卒年：803—852

字号：字牧之，号樊川居士

代表作：《赠别二首》等

名句：春风十里扬州路，

卷上珠帘总不如。

幼年 以爷爷为偶像

20岁 博通经史

23岁 作《阿房宫赋》

26岁 进士及第

27岁 和张好好相遇

50岁 卒于长安

商女不知亡国恨，

隔江犹唱后庭花。

晚唐时期，大唐的繁华早已消失。那时候的唐朝：一方面，宦官专权，藩镇割据，战乱四起；另一方面，朝廷人才紧缺，科场风气败坏。

夕阳无限好，只是近黄昏。国家走向了衰落。在这样的历史环境中，一些忧郁伤感的文人只能到诗词中去寻找大唐昔日的荣耀，而有的文人，则开始关注历史的变迁和闲逸生活的享受。杜牧便是后者中的一员，他和李商隐被合称为“小李杜”。

803 年，自汉魏以来一直延续了几百年的豪门大族杜氏，迎来了一个婴儿的诞生，他就是日后的著名诗人杜牧。

在杜牧出生的这一年，他的爷爷杜佑 69 岁了，并于当年做了宰相，这宰相一做就是好几年，成为唐朝的一代名相。当时，他们家就在京城长安的中心地带，相当于在现在北京什刹海有个大四合院，可谓是真正的天子脚下。

因为爷爷杜佑不但政治才能了得，文化水平也相当高，所以年幼的杜牧一直将自己的爷爷视为偶像。不仅如此，在耳濡目染下，杜牧在政治和军事上也比一般的文人有更深刻的见解。

杜牧 20 岁时已博通经史，尤其专注于治乱与军事。

26 岁时，杜牧去东都洛阳参加科举考试，太学博士吴武陵就找到当时的考官崔郾，并对他说：“我最近看到一个年轻人的文章，写得真好，来来来，我给你读一读。”说完，就拿出杜牧 23 岁时写的《阿房宫赋》绘声绘色地读给崔郾听。崔郾也是一个有品位的知识分子，听后便称赞不已。

吴武陵趁热打铁，要崔郾在接下来的考试中将杜牧评为状元。崔郾对此面露难色，推辞道：“状元已经定了他人。”吴武陵穷追不舍，大声说道：“如果真当不了状元，就退一步，让杜牧进士及第。”崔郾只好答应了。

按照惯例，新科进士要到曲江游玩。曲江是当时最热闹的场所，不少达官贵人和百姓都喜欢去那里，尤其在春天的时候更是人头攒动，摩肩接踵。

这时的杜牧顾盼生辉，举手投足都“才”情万种，坊间有许多人仰慕他。杜牧一行三五人来到曲江寺院，正巧碰见一位僧人，便相互攀谈起来。僧人问杜牧姓名，杜牧得意地报上自己的姓名，心想“天下谁人不识我”，他以为僧人会大吃一惊并露出“追星族”的狂热之态。谁知僧人听后面色平静，神情如常，这让杜牧分外失落，很是惆怅，便作诗：

北阙南山是故乡，
两枝仙桂一时芳。
休公都不知名姓，
始觉禅门气味长。

进士及第后不久，杜牧离开长安任江西观察使沈传师府中幕僚。因沈家与杜家为世交，沈传师与杜牧的关系也颇为密切。

杜牧经常往沈传师家中跑，听歌赏舞，蹭饭蹭酒。沈家有个歌女叫张好好，精通乐理，其歌声常使满座倾倒。张好好倾慕杜牧的才情，而杜牧欣赏张好好的才貌双全。可是，还没等到杜牧向张好好表白心意，沈传师的弟弟就将张好好纳为妾了。

知识小达人

纳妾

中国古代存在纳妾制。纳妾指旧时除妻子之外，男子再娶其他女子的行为。

对此，杜牧心中十分苦闷，但也没办法。他只能将深情深埋于心，并通过诗来道出离别时的真情实感。

人和人的缘分有时候就是那么奇妙，6 年后，本来以为此生不会再相见的杜牧与张好好，在洛阳重逢。

这时候的张好好因为种种原因，脱离了豪门大族，在洛阳当街卖酒。杜牧对此十分心痛，就写了一首《张好好诗》。

据说，后来杜牧过世后，张好好悲痛欲绝，偷偷跑到长安祭拜，并自尽于杜牧坟前。

杜牧一辈子不愁吃喝，家境优越，对于世间万物也看得很开。他有政治抱负，这从他将自己的爷爷作为偶像一事上就看得出来，可是他并不执着于做官。有官做的时候就好好做官，不受皇帝重用的时候，他就沉醉于繁华都市的温柔之中。

杜牧与张好好的情谊被很多人称为爱情，杜牧在当时也确实十分风流。《唐才子传》里就说杜牧“牧美容姿，好歌舞，风情颇张，不能自遏”。

杜牧在扬州一带做官的时候，就经常出入于青楼，以至于当时的宰相牛僧儒担心杜牧会有什么意外，就让属下偷偷跟着杜牧，随时向自己报备杜牧的情况。

杜牧也留下了许多写给女子的诗篇。

有一年秋夜，天气微凉，明月当空，杜牧看到一个宫女垂头丧气地坐在宫廷外的石阶上。

杜牧很想上前安慰她几句，但由于他们的地位悬殊，他只能打消这个念头，远远地叹息。回到家后，杜牧的脑海中一直想着那个宫女，不禁提笔写下一首《秋夕》。

银烛秋光冷画屏，
轻罗小扇扑流萤。
天阶夜色凉如水，
卧看牵牛织女星。

知识小达人

关于牛郎、织女的古诗有哪些？

牛郎、织女被很多诗人写进诗中，用以象征爱情或离别。李白有诗说：“若非是织女，何得问牵牛。”杜甫有诗说：“牵牛出河西，织女处其东。万古永相望，七夕谁见同。”

清明是祭祖的重要日子。有一年清明节，杜牧远在他乡，他孤零零地在异乡的路上奔波，时不时看到沿途的人们在扫墓，心里很不是滋味。

而此时，天公不作美，下起绵绵细雨。杜牧的衣服被淋得湿漉漉的，双眼雾蒙蒙的，他想找个酒店避避雨，暖暖身。可哪儿有酒店呢？

正在这个时候，他遇到了一个牧童。杜牧赶紧询问附近有没有酒店。牧童热情地告诉他说：“再往前走三五里路，就能看到一个村子。那个村子叫杏花村，村里有几家小酒店！”杜牧听了大喜，忙向着杏花村走去。

杜牧虽为豪门世家子，缺少生活的打磨和历练。但他不像很多世家子那样不务正业，一事无成，他在文学上达到了很多文人都难以企及的高度。

852 年，杜牧迁中书舍人。他重新整修了祖上留下来的樊川别墅，并常在闲暇之时在这里以文会友。

852 年年底，杜牧卒于长安。

据说杜牧在临死之前，闭门在家，将自己写的文章焚烧了许多，只留下十之二三。

扫码点读

qīng míng
清明①

[唐] 杜牧

qīng míng shí jié yǔ fēn fēn
清明时节雨纷纷②，

lù shàng xíng rén yù duàn hún
路上行人欲断魂③。

jiè wèn jiǔ jiā hé chù yǒu
借问④酒家何处有，

mù tóng yáo zhǐ xìng huā cūn
牧童遥指杏花村。

注释

①清明：二十四节气之一，也是我国的传统节日，民间习惯在这天扫墓祭祖。

②纷纷：形容多。

③欲断魂：形容极度伤感，好像灵魂要与身体分开一样。断魂，灵魂离开肉体，形容悲伤到极点。

④借问：向他人询问。

大意

清明节这天阴雨连绵，飘飘洒洒下个不停，路上远行的人情绪低落，好像断了魂一样神魂散乱。

向牧童询问哪里才有酒家，他指了指远处的杏花村。

zèng bié èr shǒu (qí yī)

赠别二首（其一）

扫码点读

[唐] 杜牧

pīng pīng niǎo niǎo shí sān yú
娉娉①袅袅②十三余，

dòu kòu shāo tóu èr yuè chū
豆蔻梢头二月初。

chūn fēng shí lǐ yáng zhōu lù
春风十里扬州路，

juǎn shàng zhū lián zǒng bù rú
卷上珠帘总不如。

注释

①娉娉：形容女子姿态美丽。

②袅袅：形容女子体态轻盈、柔美。

大意

十三四岁的少女姿态袅娜，就像二月里初现枝头的豆蔻花。十里扬州路春风骀荡，不管珠帘翠幕中有多少佳丽都不如这美丽的少女动人。

闲话历史

杜牧在家族同辈中排行十三，因此也被称为“杜十三”。杜牧十几岁的时候，正值唐宪宗讨伐藩镇，振作国事。他政治才华出众，在读书之余仍关心军事，后来还专门研究过军事家孙子的主张，既写过对《孙子兵法》的注解，也写过许多策论咨文。有一次他献计平虏，被宰相李德裕采用，并大获成功。

杜牧的诗，有的像王维的诗那样恬淡清幽，有的像李白的诗那样豪放潇洒，有的像杜甫的诗那样沉郁顿挫。杜牧在熔铸众家的基础之上，形成了自己明艳大气、哀而不衰的风格。

2. 农民出身的诗坛明星——

王昌龄

姓名：王昌龄

籍贯：河东晋阳（今山西太原）

一说唐京兆（今陕西西安）

生卒年：698？—约756

字号：字少伯

代表作：《出塞》等

名句：秦时明月汉时关，

万里长征人未还。

约23岁 嵩山修仙求道

约30岁 考中进士，走上仕途

约51岁 被贬为龙标尉

约59岁 辞官还乡

约60岁 被杀而死

七言绝句，
少伯与太白争胜毫厘，
俱是神品。

在唐朝的诗人中，有这么一个人，他是李白的好兄弟，一生屡屡被贬，他就是王昌龄。或许并不是每个人都适合在朝廷工作，王昌龄就是这样的人，他虽然才华出众，30 岁中进士，当了官，但仕途并不平坦。

王昌龄出生于一个贫困的山村。在那个时代，只有官宦子弟和富家子弟才有条件上学，而王昌龄不要说上学，就连填饱肚子都是一个难题。在这样的条件下，王昌龄一边种地，一边苦读诗书，后来终于成为“七绝圣手”，这可以说是一个奇迹。

23 岁前后，王昌龄选择到嵩山修仙求道。对他来说，求道修仙只是一条能遇见举荐他入朝的达官贵人的出路。因为在当时，若没有人举荐，王昌龄很可能连参加科举考试的机会都没有。

在修仙求道的路上，王昌龄没有遇见能举荐自己的贵人，接着他打算走守卫边塞之路，希望可以通过从军获得机会。于是在 27 岁前后，王昌龄踏上了赴河陇之路，一直走出了玉门关。

王昌龄边走边看。塞外的风光奇特瑰丽，百姓粗犷豪放，这些令他诗兴大发。当他站在玉门关外时，内心更加激动。他想起汉朝的大将军就在这里抗击匈奴，便作了一首《出塞》。这首《出塞》一直被认为是唐诗七绝的压卷之作。

王昌龄凭借着出色的边塞诗成为诗坛红人。

知识小达人

玉门关

玉门关在今甘肃敦煌境内，始设于汉武帝开通西域之路、设置河西四郡之时，是重要的军事关隘和丝绸贸易要塞。

王昌龄一路走一路看，其一路所见百姓生活的疾苦与其心中对大唐盛世的繁华印象形成鲜明对比。这期间，王昌龄写下了《从军行》组诗，一共七首，这令他名声大噪。古往今来，多少热血青年受这组诗的影响而激发出奔赴沙场、守卫祖国的爱国热情。

可是只有名气也不行啊。于是王昌龄在 30 岁左右的时候前往长安参加科举考试，中了进士，当了校书郎。过了几年，吏部组织博学宏词科考试，王昌龄考中并被提拔为汜水县尉，后来又被提拔为江宁丞。

知识小达人

汜水县尉

在我国古代，“尉”指武官，比如县尉、都尉、卫尉、太尉等。汜水县尉是指当时汜水县的武官。

任江宁丞后，王昌龄的官场之路并不顺利，不但没有继续升职加薪走上人生巅峰，还被贬过几次官，可以说是卑微的官场打工人。

虽然官场失意，可是王昌龄并不孤单。他有不少好朋友，如高适、李白、杜甫、岑参、孟浩然、辛渐……这些当时的诗坛明星都与他交往密切。

据说，有一次王昌龄被贬遇赦，在北归途中去找孟浩然喝酒，结果孟浩然因为在酒席上吃了两块海鲜导致旧疾复发而死。这事让王昌龄很是悲伤。

在去见孟浩然之前，王昌龄在巴陵意外遇见李白，两人一见如故，在江边的小船上泛舟饮酒，畅谈文坛的过往故事。临别时，王昌龄还写了一首《巴陵送李十二》送李白：

摇曳巴陵洲渚分，
清江传语便风闻。
山长不见秋城色，
日暮蒹葭空水云。

一次，朋友辛渐来看望王昌龄，王昌龄请他吃饭。辛渐离开时，王昌龄依依不舍，一直把他送到船上。辛渐走后，王昌龄有些难过，又提笔写了著名的《芙蓉楼送辛渐》。

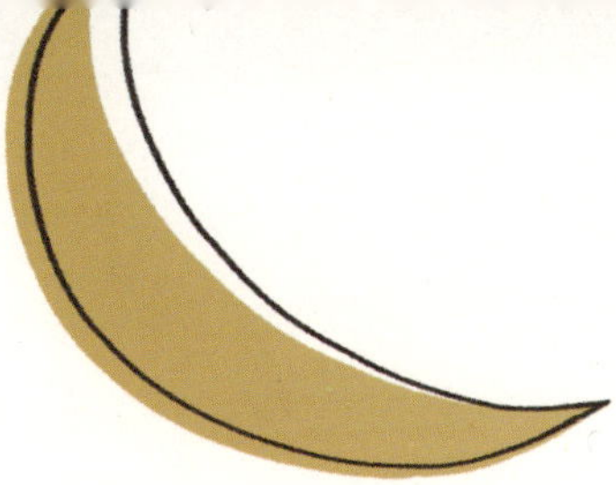

51 岁前后，王昌龄被贬为龙标尉。好朋友李白听说了这件事后，感到惋惜和同情。为此，李白有感而发，写下了《闻王昌龄左迁龙标遥有此寄》。

755 年安史之乱爆发，756 年前后，王昌龄带着一个老仆人，牵着一匹老马，背着简单的行李，由龙标辗转回老家。

王昌龄一生重情重义，因此知心朋友很多。他深知自己年事已高，如不借机探望朋友，恐怕以后再难相见。于是，这一路他走走停停，常与朋友相聚，一年后才走到濠州。

按照唐朝的规定，王昌龄路过濠州是要去拜会当地地方官，开个通关文书的。当时的濠州刺史是闾丘晓。他平时喜欢吟诗作对，但那水平与王昌龄比，简直是天壤之别。最要命的是他心胸狭隘，嫉贤妒能。他早就听说过王昌龄文采斐然，如今王昌龄来到濠州，他的心中十分不快。

那天，王昌龄恭恭敬敬地递上了文书。谁知，闾丘晓扫了一眼文书便厉声喝道：“现在正值乱世，人人都往南逃，你却往北走，是不是去投敌？”王昌龄一听，反问道：“你有什么证据？”闾丘晓冷笑一声后，说道：“打你几棍子就有证据了！”下属从旁劝阻：“这样不好吧，他也是朝廷的官员，出了事恐怕不好交代。”闾丘晓轻蔑地说：“怕什么！这乱世，我的地盘我说了算！”头发斑白的老人家王昌龄就这样被活活打死了！一位文坛巨匠的一生就这样结束了。

757 年，张镐奉命平定安史之乱。这年秋天，为解宋州之围，让濠州刺史闾丘晓率兵救援。

为人傲慢、刚愎自用的闾丘晓，看不起布衣出身的张镐，更怕仗打败了祸及于己，于是故意拖延时间，按兵不动，致使贻误战机，宋州陷落。河南节度使张镐以贻误战机罪处死闾丘晓。临死前，闾丘晓乞求道："家里还有父母要赡养，可否放过一命？"张镐反问道："王昌龄的父母又由谁来赡养呢？"

每个人的一生都有快乐而幸运的时候，古人将其总结为“久旱逢甘雨，他乡遇故知，洞房花烛夜，金榜题名时”四大喜事。

对于王昌龄来说，人生的快乐大多来自朋友。论数量，王昌龄的朋友不是最多的，但他朋友的咖位绝对是最大的。

相传有一天，王昌龄与高适、王之涣一起喝酒。王之涣比王昌龄约大10岁，是大哥，高适比王昌龄约小6岁，算小弟。这三位在一起作诗，谁都不服谁，就是外人也难以将他们的诗分个高下。推杯换盏间，他们忽然听说有梨园官员登楼宴饮，有歌女随从。三位诗人于是立即躲到角落里，想看她们表演节目。

不一会儿，四位漂亮的歌女上楼来，在乐器伴奏下唱起了当时的流行歌曲。王昌龄等窃窃私语道：“她们把流行的诗都唱进歌里了，数数这些歌女唱我们中谁的诗多，谁就是最优秀的！”

歌女们一人一首连唱了三首，其中有王昌龄和高适的诗句，却没有王之涣的。这时候王之涣有点坐不住了，就说：“如果最后一位歌女不唱我的诗，我就甘拜下风！”

轮到第四位歌女开口了，她是四人中最漂亮的。她也选了一首诗来唱，这首诗正是王之涣的《凉州词》。

王之涣得意至极，三人忍不住开怀大笑起来。这件事后来广为流传，被文人记录下来，称为“旗亭画壁”。

王之涣的这首《凉州词》一火就是一千多年，清朝的慈禧太后都非常喜欢。

有一天，慈禧太后命一位书法家将《凉州词》题到她的扇子上。结果书法家漏写了一个“间”字，这令慈禧有些发怒。书法家急中生智，当场断句为：“黄河远上，白云一片，孤城万仞山。羌笛何须怨，杨柳春风，不度玉门关。”慈禧太后听了，转怒为喜。

扫码点读

chū sài
出塞①

［唐］王昌龄

qín shí míng yuè hàn shí guān
秦时明月汉时关，

wàn lǐ cháng zhēng rén wèi huán
万里长征人未还。

dàn shǐ lóng chéng fēi jiàng zài
但使②龙城飞将③在，

bú jiào hú mǎ dù yīn shān
不教④胡马⑤度⑥阴山⑦。

注释

①出塞：古人写有关边塞生活的诗歌时常用的题目。

②但使：只要。

③龙城飞将：汉朝名将李广。这里泛指英勇善战的将领。

④不教：不叫，不让。

⑤胡马：这里指当时侵扰中原的北方游牧民族骑兵。

⑥度：越过。

⑦阴山：山名，位于今内蒙古中部及河北北部。

大意

依旧是秦汉时的明月和边关，但远征万里的戍边将士却没有回还。

只要当年的李广将军还在，就绝不会让敌人的骑兵越过阴山。

cóng jūn xíng qí sì

从军行（其四）

［唐］王昌龄

qīng hǎi cháng yún àn xuě shān
青海①长云②暗③雪山，

gū chéng yáo wàng yù mén guān
孤城遥望玉门关。

huáng shā bǎi zhàn chuān jīn jiǎ
黄沙百战穿④金甲，

bú pò lóu lán zhōng bù huán
不破⑤楼兰终⑥不还。

扫码点读

注释

①青海：指青海湖。
②长云：层层浓云。
③暗：使……变暗。
④穿：磨穿。
⑤破：攻破，打败。
⑥终：到底，终归。

大意

青海湖的上空弥漫着层层浓云，使连绵的雪山变得暗淡。荒漠中一座孤立的城池远隔千里，和玉门雄关遥遥相望。将士们征战沙场，身经百战，连铠甲都已被磨穿。他们发誓，不到击败进犯之敌之日，绝不回家。

fú róng lóu sòng xīn jiàn　　qí yī

芙蓉楼送辛渐①（其一）

扫码点读

[唐] 王昌龄

hán yǔ lián jiāng yè rù wú
寒雨②连江③夜入吴，

píng míng sòng kè chǔ shān gū
平明④送客楚山⑤孤⑥。

luò yáng qīn yǒu rú xiāng wèn
洛阳亲友如相问，

yí piàn bīng xīn zài yù hú
一片冰心⑦在玉壶。

注释

①辛渐：诗人王昌龄的一位朋友。

②寒雨：秋冬时节的冷雨。

③连江：雨水与江面连成一片，形容雨很大。

④平明：天刚亮。

⑤楚山：泛指长江中下游北岸的山。长江中下游北岸在古代属于楚地范围。

⑥孤：独自，孤单一人。

⑦冰心：像冰一样晶莹、纯洁的心。

大意

夜晚的吴地，寒冷的瓢泼大雨与江面连成一片。天亮的时候，我送别了好友，独自一人望着楚山的孤影。

如果洛阳的亲友向你问起我的近况，请你转告他们，我的心依然纯净似玉壶里的冰。

wén wáng chāng líng zuǒ qiān lóng biāo yáo yǒu cǐ jì

闻王昌龄左迁龙标遥有此寄

[唐] 李白

扫码点读

yáng huā luò jìn zǐ guī tí
杨花①落尽子规②啼，

wén dào lóng biāo guò wǔ xī
闻道龙标③过五溪④。

wǒ jì chóu xīn yǔ míng yuè
我寄愁心与⑤明月，

suí jūn zhí dào yè láng xī
随君⑥直到夜郎⑦西。

注释

①杨花：柳絮。

②子规：即杜鹃鸟，相传其啼声哀婉凄切。

③龙标：诗中指王昌龄。古代常用官职或任官之地的州县名来称呼某人。

④五溪：今湖南西部、贵州东部五条溪流的合称。

⑤与：给。

⑥随君：一作“随风”。

⑦夜郎：唐朝夜郎有三处，两处在今贵州桐梓，本诗所说的“夜郎”在今湖南怀化境内。

大意

在杨花落尽、子规啼鸣的时候，我听说你路过五溪。我将忧愁的心思寄托给明月，希望能随你直到夜郎以西。

闲话历史

《凉州词》本不是诗名，而是唐周时期流行的曲调名。凉州词是按照凉州的地方曲调唱的，听起来情感真挚、悲壮苍凉。凉州词的内容包罗万象：有描写战争的，有抒发爱国情怀的，有表达思乡之情的，有赞叹自然风光的，有展现异域文化的。

关于王昌龄的籍贯，有京兆、太原两种说法。《旧唐书》记载王昌龄为京兆（即唐朝京师长安，今陕西西安）人。唐朝因以长安、洛阳为当时文化中心，许多山西诗人经常游历在长安、洛阳，有的甚至多年居住京城长安。因此便有不少人认为他们为京城人。《河岳英灵集》为唐人殷璠所编著的唐人诗集，载王昌龄为太原人，《唐才子传》也认为王昌龄是太原人。

3. 忧心百姓的大宋狂人——

范仲淹

姓名：范仲淹

籍贯：苏州吴县（今江苏苏州）

生卒年：989—1052

字号：字希文

代表作：《岳阳楼记》等

名句：先天下之忧而忧，
后天下之乐而乐。

1岁 父亲去世，母亲无奈改嫁

27岁 金榜题名，开始仕途之路

32岁 重修捍海堰

39岁 入京为官

51岁 在边疆建立防御体系

54岁 任参知政事

55岁 离开朝廷

64岁 于徐州病逝

浊酒一杯家万里，
燕然未勒归无计，
羌管悠悠霜满地。
人不寐，
将军白发征夫泪。

提起宋朝，在你的脑海中是不是只有因懦弱无能而被金人欺负的印象？如果只是这样，你可就错啦！历史上的宋朝不但经济发达，而且人才济济，尤其是那些文人天团的赫赫威名，至今仍为我们津津乐道。

在那些文人天团中，有一个人是我们无法绕开的，他就是范仲淹。

989 年，这位后来的北宋第一名臣出生了，他是武宁军节度掌书记范墉的第五子。在范仲淹出生后的第二年，范墉就去世了。

史书上记载，在范墉去世后，范氏家族只收养了范墉前妻陈氏所生的次子范仲温，于是范仲淹母亲只能带着范仲淹改嫁他人，范仲淹也因此改名朱说。

对比范氏家族，范仲淹的继父朱文翰可以说是绝世好爸爸了。他为人忠厚，对范仲淹视如己出，不但请宋仁宗的老师崔遵度教授范仲淹的琴艺，更亲自教导范仲淹的学问。

1009 年，因为朱文翰解职归乡，范仲淹就跟着家人开始经商。可是范仲淹不喜经商，于是在继父的支持下继续求学读书。范仲淹在求学过程中，曾两次外出游学，并结识了不少好友，也正是在游学过程中，范仲淹通过关中大旱看到了官场的腐败虚伪，立下了“不为良相便为良医”的人生目标。

后来，范仲淹的继父去世，当时并不知道自己身世的范仲淹回乡为继父办理丧事。看到同族子弟挥霍无度，他便上前劝说。没想到这些同族子弟不但不反思自己，还用范仲淹的身世对其反唇相讥。

知道自己身世的范仲淹深受打击，他决心发愤图强，振兴家门，便向母亲许诺十年内金榜题名。接着，范仲淹带上琴、剑，离开山东去应天府的应天书院求学。没有了家族的支持，范仲淹的生活更加清苦了。

5 年后，范仲淹决定用朱说这个名字上京赶考，并在 27 岁这年金榜题名。在殿试中，范仲淹遇见了当时的名臣寇准，同时也结识了其人生中最重要的朋友——滕宗谅。

金榜题名的范仲淹在上任前，带着母亲回到了亲生父亲的家乡，准备认祖归宗。可是范氏族人忌惮范仲淹的进士官身，害怕范仲淹抢夺家产，拒绝了范仲淹的认祖归宗。

1017 年，范仲淹调往亳州担任节度推官，在任上结识了亳州通判杨日严。对于这位正直的青年，杨日严无疑是欣赏的，也毫无保留地教导他，指引他。有了前辈指导的范仲淹意识到自己的身份问题完全可以通过朝廷来解决，于是立刻上疏，借助朝廷的力量让范氏宗族接纳了自己。之后，范仲淹便不再用朱说这个名字，而是恢复本姓，认祖归宗。

恢复本姓的范仲淹以德报怨，逐渐让范氏宗族真正接纳了自己。

作为进士，范仲淹的升迁相对其他进士而言非常慢。英雄或许会怀才不遇，但是绝对不会忘记自己的使命。1021 年，范仲淹调任泰州西溪盐仓监，负责监督淮盐贮运及转销。西溪濒临黄海，唐朝李承修筑的旧海堤因年久失修多处溃决，导致海潮倒灌，良田尽毁。于是范仲淹上书江淮漕运张纶，建议沿海筑堤，重修捍海堰。

1025 年，张纶奏明朝廷，宋仁宗调范仲淹为兴化县令，全面负责修堰工程。就在范仲淹排除万难开始修筑捍海堰的时候，他的母亲于 1026 年 8 月病逝了。

想到母亲一生为自己操劳，现在自己终于找到同道，并可以建功立业让母亲过上好日子，但子欲养而亲不待，范仲淹悲痛不已，于是将修复捍海堰的心得和修堰的益处汇总写成书，交给张纶，自己则辞官守丧。工程最后由张纶主持完成。

范仲淹在家丁忧，没有因修建捍海堰获得封赏，可是百姓们不会忘记自己的恩人，他们将这条捍海堰取名为“范公堤”。范仲淹也因此获得了晏殊的关注，并受晏殊的邀请去应天书院任教。

1028 年，晏殊因看重范仲淹的才华和人品，举荐范仲淹参加学士院试。范仲淹的贵宾通道就此打开。范仲淹给宋仁宗写了一篇万字文《上执政书》，向宋仁宗提出了不少改革的意见。在晏殊和宰相王曾的推举下，范仲淹被宋仁宗召入京城。

但由于受不了章献太后对朝政指手画脚，不久后范仲淹又离开了京城。直到太后去世，范仲淹才再次进京。

此时的范仲淹已经不再为能不能为良相而迷茫，因为此时他的内心已经有了更高远的志向："先天下之忧而忧，后天下之乐而乐。"

心怀百姓的范仲淹受到百姓爱戴，很多百姓都会将他的画像挂在家中供奉。

范仲淹的天赋不仅在文，武也同样好。1040 年至 1043 年间，他以军中文职的身份改革军事，调整战略部署，在西北边疆建立了坚固的防御体系，使当时的西夏不敢进犯。为此，边境的老百姓们有言：“军中有一范，西贼闻之惊破胆！”

当时，西夏人称范仲淹为“小范老子”，认为小范老子胸中有十万甲兵。

1043 年，宋仁宗想提拔 54 岁的范仲淹当宰相，主持改革。范仲淹知道朝廷的问题不是一天两天形成的，因此改革也不可能一蹴而就。他担心自己难以胜任，便两次推辞不受，最后实在是推辞不下才答应了。相反，宋仁宗对范仲淹却信心满满。在一次上朝的时候，满朝文武都站着，宋仁宗却赐给范仲淹等人座位，由此可见宋仁宗对范仲淹的信任和重视。

后来，范仲淹上书《答手诏条陈十事》，对官员的选拔任用机制、农业生产事业等方面提出改革。刚开始，达官显贵们都挺给面子，谁也没说什么。渐渐地，由于改革影响到了许多官僚贵族的利益，引起了他们的不满，所以诽谤新政的言论越来越多。范仲淹一看这架势，便请求离开京城，到地方上去。后来，富弼等其他几位改革的主要人物都被逐出京城。一年后，改革彻底失败。历史上把这次改革称为“庆历新政”。

此后，范仲淹再也没回过京城。在人生的最后几年里，他兴办书院，四处讲学，著名的《岳阳楼记》就是在这个时候写成的。他自己买了千亩良田，成立范氏义庄，将田产经营的收入用于接济家族中的贫困人员。范氏义庄持续运作了数百年，只要是居住在本乡的族人都可以从中受益。

1052 年，范仲淹调知颍州，扶疾上任，同年在徐州病逝，享年 64 岁。

早在范仲淹患病时，宋仁宗便经常派人送药慰问。范仲淹病逝后，宋仁宗仍嗟叹哀悼了许久。下葬之后，宋仁宗亲自为范仲淹墓的碑额题写“褒贤之碑”，追赠其兵部尚书，谥号“文正”。

jiāng shàng yú zhě

江上渔者①

[宋] 范仲淹

扫码点读

jiāng shàng wǎng lái rén
江上往来人，

dàn ài lú yú měi
但②爱③鲈鱼④美。

jūn kàn yí yè zhōu
君⑤看一叶舟⑥，

chū mò fēng bō lǐ
出没⑦风波⑧里。

注释

①渔者：捕鱼的人。

②但：单单，只是。

③爱：喜欢。

④鲈鱼：一种味道鲜美的鱼。

⑤君：你。

⑥一叶舟：一只像漂浮在水上的树叶似的小船。

⑦出没：时隐时现。指一会儿看得见，一会儿看不见。

⑧风波：波浪。

大意

江边行人来来往往，只是喜爱味道鲜美的鲈鱼。

你看那一叶小小的渔船，在滔滔风浪里时隐时现。

闲话历史

在范仲淹立下“不为良相便为良医”目标的北宋，医生的社会地位并不高，很多人都问范仲淹为什么想要做医生。范仲淹说：“如果要治理天下造福百姓，当然是做宰相最合适。但是没有办法做宰相，还想要造福百姓，那么做良医最合适。如果真的可以成为良医，上能疗君亲之疾，下能救贫民之厄，中可以保身长年。身在民间却可以造福百姓，那没有比做良医更合适的了吧。”

范氏义庄是最早的家族义庄，也是我国史料记载的第一个非宗教性民间慈善组织，是中国慈善史上早期的典范。它还创造了一个奇迹：虽然朝代更迭，历经战乱，但一直到清朝宣统年间，义庄依然有田 5 300 亩（1 亩≈667 平方米），且运作良好，共持续了八百多年。义庄旧址办有学校，并几易其名。1989 年，范仲淹一千周年诞辰之际，在范氏义庄旧址上建立的学校改名为苏州市景范中学，以表达景仰范仲淹之意。

4. 孤篇盖初唐——王勃

姓名：王勃

籍贯：绛州龙门（今山西万荣）

生卒年：约 650—676

字号：字子安

代表作：《送杜少府之任蜀州》等

名句：海内存知己，

天涯若比邻。

6岁 写诗

9岁 发现颜师古注释《汉书》错误

12岁 学医

16岁 因戏为《檄英王鸡》文被免官

23岁 任虢州参军

27岁 溺水后惊悸而死

肃肃凉景生，
加我林壑清。
驱烟寻涧户，
卷雾出山楹。

在初唐，有这么一个人，别人提起他的时候都满是惋惜之情。他 6 岁成诗，9 岁成文，16 岁做官，孤篇盖初唐，这个人就是王勃。

有人猜想，如果王勃活得久一些，有没有可能比肩李白和杜甫？但这也仅仅只能是猜想，王勃的一生早已定格。初唐四杰中，每个人都有着坎坷的经历，这些经历似乎又是唐朝所有诗人的写照。

650 年，也就是李世民去世的后一年，李治继位。而在同一年，在绛州龙门的一个大儒世家王家，王勃诞生了。

在那个年代，能称为世家的必定有着深厚的底蕴，王勃祖上也都是有真才实学的世家子。比如他的爷爷王通，就是隋朝末年的大教育家。在这样的环境中，王勃 6 岁能写诗，这可以说是家族子弟的基本操作了。

9 岁时，王勃读颜师古注释的《汉书》并发现了其中的错误之处。这是什么概念？这就好比一个 9 岁的三年级孩子发现了大学历史学教授学术文章中的错误。不仅如此，王勃还写了一篇文章来反驳，这让当时文史界的大佬们忍不住给王勃来了个“点赞 + 关注”。

12 岁的时候，王勃又抽空去长安跟着曹元学医。

16 岁的时候，王勃登科及第。小小年纪就为官，人生简直开挂。

不仅如此，王勃还因为一篇文章被唐高宗李治称赞为奇才，瞬间成了“初唐顶流”，前程似锦，未来可期。招揽王勃的王孙贵族蜂拥而至，最后，王勃选择了辅佐喜欢斗鸡的沛王李贤。

王勃作为当时的顶流明星，朋友圈中的人都是达官贵人，其中他最好的朋友就是杜少府。后来杜少府任职入蜀，两人分别，王勃还写下了著名的《送杜少府之任蜀州》。

阳光照射到的地方繁花似锦，然而，永远会有太阳照射不到的阴暗处，皇族的身边永远少不了政治的暗斗。王勃虽然才华横溢，但是政治敏感度不高，受到的锻炼又太少。

沛王喜欢斗鸡，尤其喜欢组织各种斗鸡大会，王勃不但不阻止，还跟着沛王一起参与，并写文章为沛王摇旗呐喊。结果因为王勃有一篇《檄英王鸡》写得太好了，李治看了觉得王勃在挑拨他的两个儿子的关系，因此王勃就从李治口中的奇才变成了歪才，并被赶出了京城，前程尽毁。

此后，王勃开始了四处游历，跟着杜少府跑到了四川，还在成都遇到了卢照邻，于是又和卢照邻结伴游览了锦官城，并写下《蜀中九日》。

九月九日望乡台，
他席他乡送客杯。
人情已厌南中苦，
鸿雁那从北地来。

王勃开始想家了。671 年，靠着王家的影响力，王勃终于从四川回来并且重新参加科考。但是当时的主考官裴行俭说王勃空有才华，不懂政治，于是把王勃拒了。

还好王勃人脉广，在 23 岁时，靠着一个叫凌季友的朋友做了虢州参军，迎来了人生的转折点。

就在王勃任虢州参军期间，有个叫曹达的官奴犯了罪，请求王勃将他藏起来。王勃见这人衣衫破烂，甚是可怜，一时心软便答应了，但是之后他又整天为此提心吊胆，生怕这件事情被其他人知道。终于有一天，王勃失手将曹达杀死了。

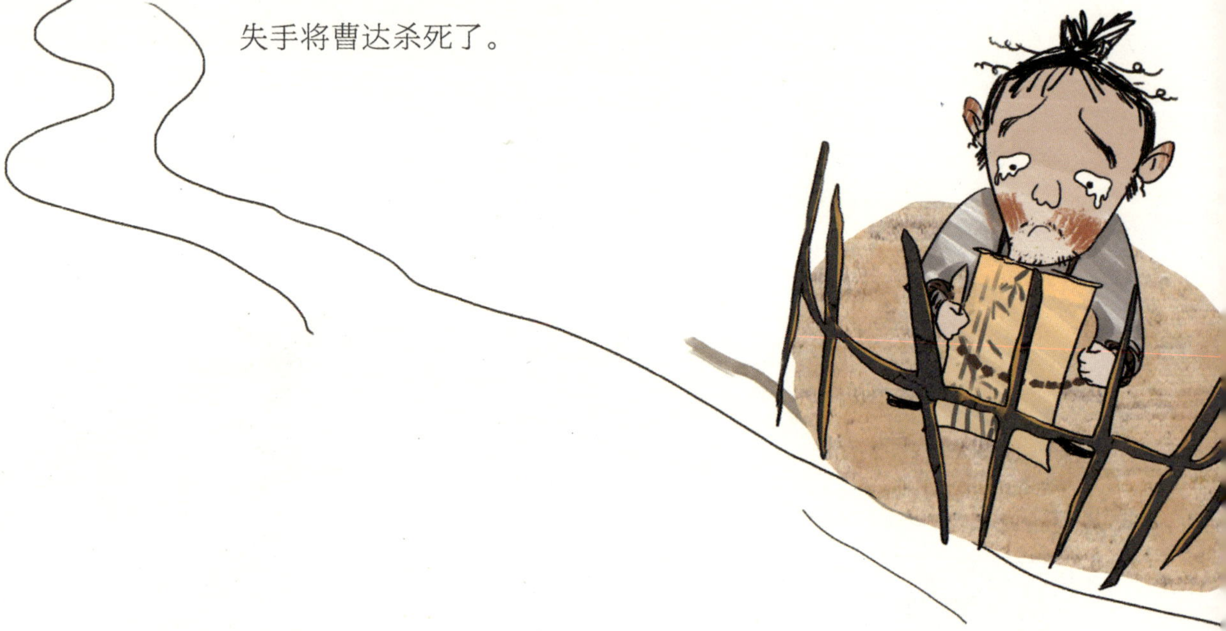

不过，据《旧唐书》记载，王勃藏匿曹达一事，其实是与王勃有过节的人给王勃设下的圈套。

但是不管怎么样，王勃终究还是因此坐了牢。好在当时正遇朝廷大赦，王勃没有被判死刑，只是坐了一年牢。

对于王勃来说，坐牢给自己的打击远远比不上因此连累自己父亲给自己的打击。

王勃被抓之后，他的父亲王福畤就从雍州司功参军贬为交趾县令，远谪到南荒之外。

王勃出狱后，在家里待了一年多，当朝廷宣布恢复他的旧职时，他已视宦海为畏途，没有接受。

675 年，26 岁的王勃从老家龙门一路南下，准备前往交趾看望被自己坑惨了的父亲。

路过江西洪州的时候，正赶上在滕王阁举行的一场盛典。王勃收到了邀请函，兴致勃勃地赴宴。推杯换盏后，东道主阎都督提议由在座的才俊做一篇序文。

笔墨送到王勃面前，王勃挥笔而就，宝石一般光华璀璨的文字，锦绣一般壮丽夺目的景色，珠玉一般俯拾即是的名句，构成了这篇千古奇文《滕王阁序》。王勃再一次收获了众人的称赞，尤其是东道主的膜拜。

只是，这样的时刻就像烟花绽放，转瞬即逝。

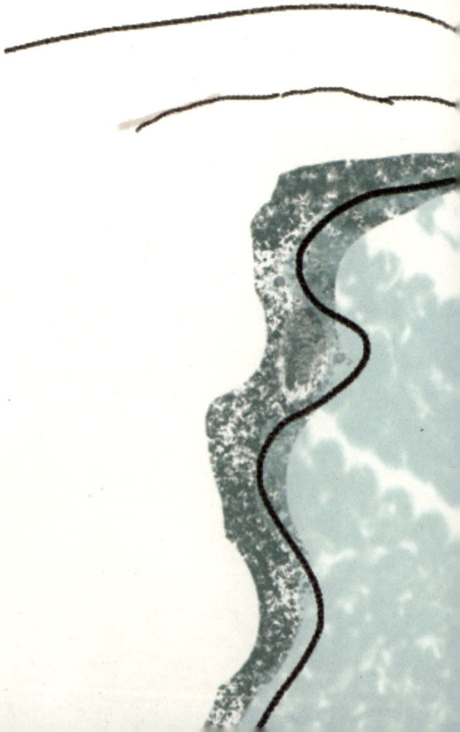

向南走了半年多，他终于见到了生活困窘的父亲。他为自己曾经的行为深深懊悔。

与父亲共处了 8 个月后，王勃拜别了父亲。返程时，王勃乘坐的小船在南海遇到了风浪，不幸溺水，最终惊悸而死，年仅 27 岁。

扫码点读

sòng dù shào fǔ zhī rèn shǔ zhōu

送杜少府[1]之[2]任蜀州[3]

[唐] 王勃

chéng què fǔ sān qín, fēng yān wàng wǔ jīn.

城阙[4]辅[5]三秦[6]，风烟[7]望五津[8]。

yǔ jūn lí bié yì, tóng shì huàn yóu rén.

与君[9]离别意，同[10]是宦游[11]人。

hǎi nèi cún zhī jǐ, tiān yá ruò bǐ lín.

海内[12]存知己，天涯[13]若比邻[14]。

wú wéi zài qí lù, ér nǚ gòng zhān jīn.

无为[15]在歧路[16]，儿女共沾巾[17]。

注释

①少府：官名。

②之：到，往。

③蜀州：今四川崇州。

④城阙：指唐朝都城长安。

⑤辅：护卫。

⑥三秦：指长安城附近的关中之地，今陕西潼关以西一带。项羽灭秦后，把秦故地分为三区，分封给秦王朝的三个降将，所以称三秦。

⑦风烟：在风烟迷蒙之中。

⑧五津：指岷江上的五个渡口，即白华津、万里津、江首津、涉头津、江南津，这里代指蜀州。

⑨君：对人的尊称，相当于“您”。

⑩同：一作“俱”。

⑪宦游：出外做官。

⑫海内：四海之内，即全国各地。

古人认为我国疆土四周环海，所以称天下为四海之内。

⑬天涯：天边，这里比喻极远的地方。

⑭比邻：近邻。

⑮无为：无须，不必。

⑯歧路：岔路口。古人送行常在大路分岔处告别。

⑰沾巾：泪水沾湿手巾，指挥泪告别。

大意

三秦之地护卫着巍峨的长安，
透过那风云烟雾遥望着蜀州。
与你离别，心中怀着无限情意，
我们同是在宦海中沉浮的人。
四海之内有知心朋友，即使远在天边，心也紧靠在一起。
我们在岔路口分手之时，可不要像多情的少男少女那样悲伤得泪湿手巾。

闲话历史

著名的宰相裴行俭曾经批判王勃浮躁浅露，个性张扬。而王勃一生都没有转变这样的性格。作为后人和读者，我们应该庆幸他的张扬，他的自负，他的喷薄而出的才华和灵感。

初唐诗坛有千千万万个会写宫体诗、会做漂亮文章的诗人，但却只有王勃这样“浮躁浅露”的，才能代表初唐的气象，才能承前启后，照亮之后的盛唐。

王勃写下《滕王阁序》的故事，在很多文献典籍中都有记载。唐朝《中元传》记载：“勃引纸，方书两句，一吏入报曰：‘南昌故郡，洪都新府。’”《滕王阁序》中引用典故众多，明朝杨慎《丹铅录》评论王勃道：“以十四岁之童子，胸中万卷，千载之下，宿儒犹不能知其出处。”

5. 南宋朝民硬汉——

范成大

姓名：范成大

籍贯：平江吴县（今江苏苏州）

生卒年：1126—1193

字号：字致能，号石湖居士

代表作：《四时田园杂兴》等

名句：梅子金黄杏子肥，

麦花雪白菜花稀。

故虽大用而未尽，

识者惜焉。

花有期，人亦有临终之曲。

范成大的一生是在病痛中度过的，在他生命的最后时刻，许多人以为他只是一个因深情而百病缠身的老头儿，却不知他曾孤身前往金国谈判，并曾在朝堂上抗旨。

就是这样的硬汉，也终是受不住岁月的摧残，在经历丧女和丧妻之痛，经历花期无常和时光流逝，经历故人寥落和风雨敲门，经历最后的孤独与自然后，范成大永远离开了人世。

1126 年，范成大出生于才子辈出的江南，是平江吴县人。在他出生这一年前后，许多名留青史的人扎堆似的也出生了。

比如早他一年出生的陆游，晚他一年出生的杨万里和尤袤，他们四人后来合称“中兴四大诗人”，又称“南宋四大家”。而跟他同年出生的周必大，后来官至宰相，以宰相之尊主盟文坛，与范成大交情深厚。

范成大 2 岁时，北宋亡国，但这并未对一个江南富庶之家的婴儿造成多大的影响。他家世显赫，与范仲淹同宗，父亲范雩（yú）官至秘书郎，母亲蔡氏是北宋书法四大家之一蔡襄的孙女，也是北宋名相文彦博的外孙女。

据说，范成大自幼聪明，12 岁时就读遍了经史子集，14 岁就会写诗。1142 年，宋高宗生母韦氏（显仁皇后）从金国回朝，范成大应试献赋颂，名列前茅。

但随着母亲和父亲相继病逝，范成大的快意人生按下了暂停键。他孤身带着两个妹妹，从南宋都城临安返回了故乡。以家中仅剩的财力帮助两个妹妹出嫁后，他自己开始在昆山东禅寺读书，并且一读就是十年。他曾取唐人“只在此山中”句，自号此山居士。

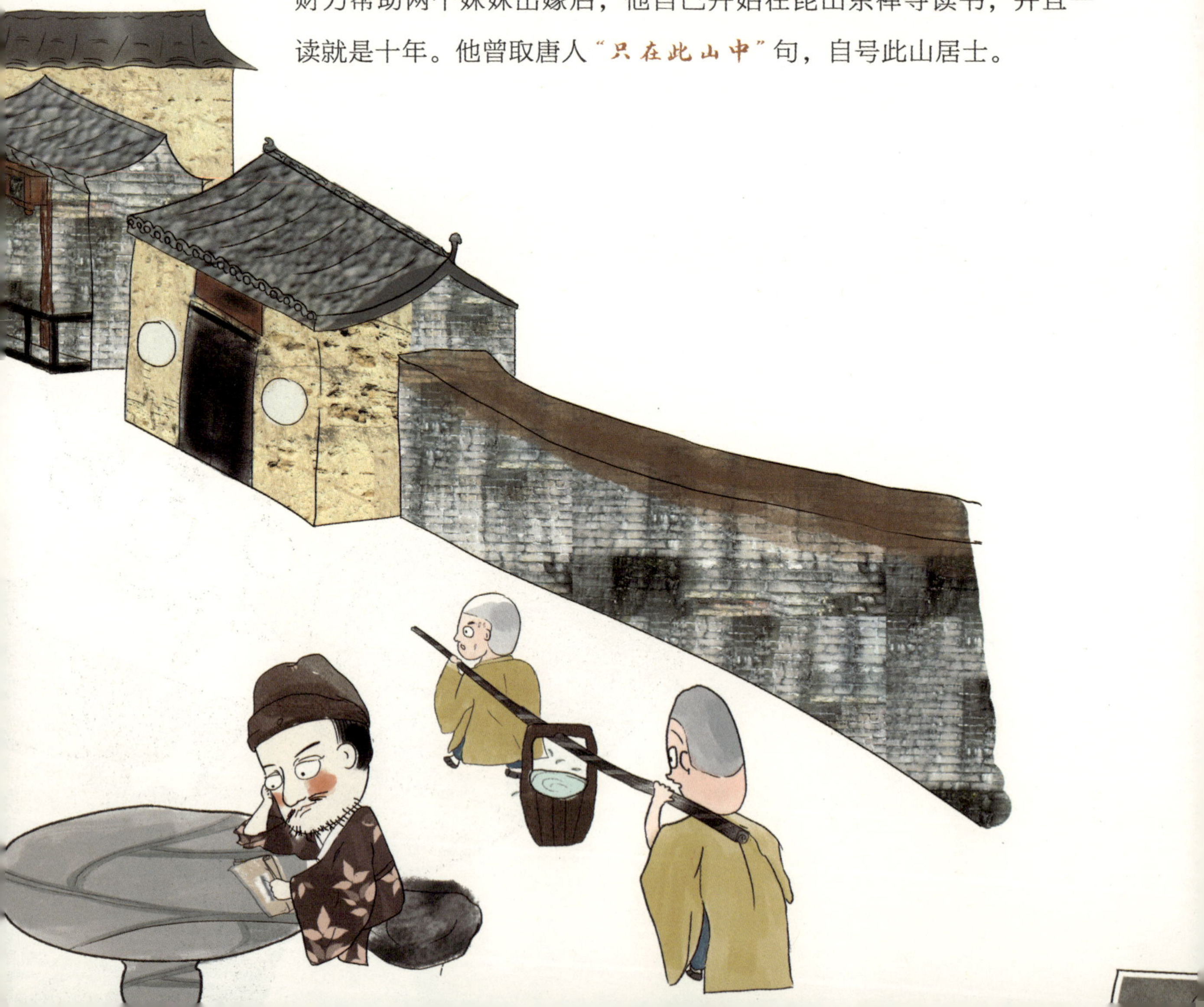

也许是父母双亡让他深陷哀痛与孤独之中，他隐隐有看破俗世之意，心甘情愿长年在寺庙中与僧人为伍。直到父亲生前好友王葆出现，范成大才出山参加了当年的科举考试，结果一举考中进士。那年范成大 28 岁。

成功的日子总是这么平平无奇且枯燥，对于范成大而言，接下来的使命就是做官。此后，他先后在太平惠民和剂局、枢密院、国史院等南宋朝廷机关工作。

知识小达人

枢密院

在宋朝，枢密院与中书门下分掌军政大权，号称“二府”，同为最高政务机关。

1166 年，范成大当上了吏部员外郎。不过板凳还没坐热，他就被人诬陷越级办事、不守章程，因而被罢职。好在一年多后，事情被调查清楚了，他又被重新起用，出任处州知州。在处州，他显示出了卓越的管理才能，为处州创设了义役制度。因为为官犀利，他曾遭罢职；也因为为官颇有口碑，他又多次被重新起用。仕途起落浮沉，但他内心极少波澜。

范成大生活的时代是南宋。那时朝廷积贫积弱，外部更有金国这样的强敌虎视眈眈。

面对强敌，南宋的官员分成主战和主和两派。在范成大的同事中，老将张浚主张攻打金国，可最终却战败了。这时候，宋孝宗后悔不已，坚决不打了，还下罪己诏，罢黜张浚，要跟金国求和。在金军的胁迫下，双方签订了一份《隆兴和议》，两国由此成为叔侄之国。

和议签订仪式的那天，可能是宋人太紧张，忘了执行受书礼，这让宋孝宗觉得很没面子。

于是，范成大成为全国顶流的契机就这样到来了。

1170 年，在范成大 45 岁这一年，曾创下抗金彪炳战绩的英雄虞允文向宋孝宗建议：派遣使者到金国，请金国归还宋朝皇陵所在的巩、洛之地，还要要求金国更改受书礼仪。

要知道，当时每次金国使者来递交国书时，南宋皇帝必须降榻受书——离开龙椅，亲自接收。宋孝宗这个十分想雄起的皇帝早就想改变这项耻辱的礼仪。

皇帝想派人去执行受书礼，但几位大臣都不敢去。勇敢的范成大临危受命，去了金国。到达金国后，他要求金世宗完颜雍接收国书，结果差点被杀。

范成大知道自己命悬一线，于是写了一首诗《会同馆》：

万里孤臣致命秋，
此身何止一沤浮。
提携汉节同生死，
休问羝羊解乳不。

知识小达人

受书礼

受书礼是交换国书的礼仪，对双方的称呼、交换国书时的姿势等都有要求。受书礼属于外交礼仪，能够表现出两国的关系和相互之间地位的高低。

范成大的气节在金国朝野引起了很大震动。金世宗认为此种不惧死的忠臣在哪儿都应该受到尊重，因此最后放了范成大。任何人都没有想到范成大能活着回来。范成大归来，像是给南宋打了一剂强心针，提振了朝廷和百姓的信心。他本人也受到了英雄般的待遇，达到人生的人气巅峰。

后来，他把这次去金国的经历写成了日记《揽辔录》。

回到南宋后，范成大的职务发生过多次变动。他曾到四川任职。那时候四川大部分被称为“巴蜀地区”。

他招募人才，用其所长，不拘小节，还把优秀的人推荐给皇帝，让朝廷赐给他们官职。闲暇时他以文会友，在那里结交了不少好朋友。

1175 年，50 岁的范成大受命出任四川制置使，知成都府。跟之前在其他地方任职一样，范成大在四川依旧颇有作为。但对范成大本人而言，此时他内心的归隐情绪逐渐变得强烈。出世与入世两种选择在进行激烈的斗争。

两年后，范成大在一次生病时，向宋孝宗请求奉祠，离开他任职的成都。对于范成大而言，在四川期间最大的收获，可能就是与陆游成为莫逆之交。

没过几个月，范成大被召回临安，并获得了意外的晋升。

范成大第一次辞职没有成功，只得继续上班。此后的几年里，范成大工作勤勤恳恳，做出了不少成绩，比如在灾荒年头建议朝廷开仓赈济饥民，下令在管辖的区域内捕捉蝗虫等。

1178 年，范成大甚至短暂获任参知政事（副宰相）。好友杨万里说：“（中兴以来），知政几二十人，求天下之所谓正臣，如公（范成大）才一二辈。”

而在那样的时代，做一个“正臣”的代价，便是仅仅两个月后，就遭弹劾免。随后，50 多岁的范成大又经历了一轮浮沉。

最终，范成大被任命为资政殿学士，并提举洞霄宫。

对于范成大而言，人生从来不是一次长跑这么简单，而是一次次的折返跑。

但这一次，他真的要跑到终点，获得人生的自由，去寻找和拥抱真正的自我了。

1183 的夏天到秋天，范成大五次请辞，终于获批。从此开始了他人生最后十年的退隐生活。

范成大发现，哪里都不如家乡好，于是下定了回家乡养老的决心。他的家乡有一个叫作“石湖”的地方。那里环境优美，古树参天。于是，他不惜花重金在那里买下了一大片地，用一年半的时间盖了一座像模像样的别墅。

退休后，范成大在石湖优渥、安静地生活了将近十年，写下了名作《四时田园杂兴》。

1192 年，范成大的幼女在出嫁前不幸亡故，还没有等到从白发人送黑发人的痛苦中走出来，第二年，他的妻子也去世了。

对于范成大而言，他为国、为民、为家庭操劳了一辈子，而现在，自己终于可以放下这些重任了。

1193 年 9 月，68 岁的范成大和那些普通而又平凡的老头儿一样，永远地闭上了自己的双眼。

sì shí tián yuán zá xìng qí èr shí wǔ

四时田园杂兴①（其二十五）

扫码点读

[宋] 范成大

méi zi jīn huáng xìng zi féi
梅子金黄杏子肥，

mài huā xuě bái cài huā xī
麦花雪白菜花稀。

rì cháng lí luò wú rén guò
日长篱落②无人过，

wéi yǒu qīng tíng jiá dié fēi
惟有蜻蜓蛱蝶飞。

注释

①杂兴：随兴而写的诗。

②篱落：篱笆。

大意

初夏时节，梅子变得金黄，杏子也越长越饱满，麦穗扬着白花，油菜花差不多落尽。

夏天白日长，大家都在田间忙碌，篱笆边无人过往，只有蜻蜓和蝴蝶围着篱笆款款飞舞。

xǐ qíng

喜晴

[宋] 范成大

扫码点读

chuāng jiān méi shú luò dì

窗间梅熟落蒂①，

qiáng xià sǔn chéng chū lín

墙下笋成出林。

lián yǔ bù zhī chūn qù

连②雨不知春去，

yì qíng fāng jué xià shēn

一晴方③觉夏深。

注释

①落蒂：蒂落，指梅子成熟从树上脱落。

②连：连绵不绝，连续。

③方：才。

大意

窗户之间的梅子熟了之后落了下来，墙下的竹笋已长成了竹林。

雨不断地下，甚至不知道春天已经过去，等到天晴才发现，夏天都已经来到许久了。

闲话历史

奉祠是宋朝时的官职。那时候，如果五品以上的官员不能任事，或年老退休，皇帝可以赐予他这一职位，让其享受俸禄且不承担繁重的工作。

义役是南宋应役户互助的一种方式，以一乡或一都为单位，根据役户多少和贫富情况出资买一块土地，大家轮流去地里干活，收成上缴国家。在范成大的倡议下，这种制度推广到了全国。

致仕就是辞去官职的意思。我国古代的退休制度是随着朝代更替而变化的。宋朝给退休官员的待遇十分优厚。

6. 开挂的人生无须解释——

朱熹

姓名：朱熹

籍贯：婺源（今属江西）

生卒年：1130—1200

字号：字元晦，一字仲晦，号晦庵

代表作：《春日》等

名句：等闲识得东风面，
万紫千红总是春。

- 14岁 父亲病逝，被义父抚养
- 19岁 初入仕途
- 50岁 重建白鹿书院
- 67岁 “理学”被定为伪学
- 68岁 被人诬陷
- 71岁 病逝

诗书不可不读，
礼义不可不知。
子孙不可不教，
斯文不可不敬。

南宋还有一位文人，年龄比范成大小 4 岁，与范成大一样为官清正有为。他就是南宋时期著名的理学家、思想家、哲学家、教育家、诗人朱熹。他编著的《四书章句集注》至今都是我们研究国学和了解古典文化的重要资料。同样，朱熹也是历来被黑得最厉害的文人之一。

1130 年，朱熹出生于福建尤溪郑义斋馆舍（今南溪书院）。朱熹出生时右眼角上长有七颗黑痣，排列如北斗。而且朱熹出生的时候，房前屋后的大山同时起火，因此被起名为“熹”。

朱熹 14 岁的时候，他的父亲朱松病逝于建瓯。朱松临终前把朱熹托付给“崇安五夫”之一的好友刘子羽，又写信请五夫中的刘子翚、刘勉之、胡宪三位学养深厚的朋友代为教育朱熹。

刘子羽将朱熹视如己出，在自己住的地方旁边修建房子安置朱熹一家，并且取名为紫阳楼。

1148 年，朱熹中进士，任泉州同安主簿。朱熹特别注重教育：做官的时候，每到一处任职就兴建学校，置办学田；不做官的时候，干脆自己办书院，当老师。在他的心里，让孩子们上学是很重要的事。

1178 年，宋孝宗任朱熹为知南康军兼管内劝农事。第二年，

天遇大旱，灾害严重。朱熹到任后，立即着手安排兴修水利，抗灾救荒，奏乞蠲免星子县税钱，使灾民生活得以维继。

随后，朱熹重新修建了白鹿洞书院，并为白鹿洞书院殚精竭虑，不遗余力。他曾自兼洞主，延请名师，充实图书。他还置办学田，供养贫穷学子。学习得有学习的规矩，于是他亲自拟定了《白鹿洞书院揭示》。不仅如此，他还给皇帝写信，请求皇帝赐额及御书，这让白鹿洞书院名声大振。此外，朱熹还曾拜访主管岳麓书院教事的张栻，进行了历史上有名的“朱张会讲”。

朱熹不仅给孩子们上课，还给皇帝宋宁宗上课。宋宁宗赵扩能当上皇帝，有两个人功不可没：赵汝愚和韩侂（tuō）胄（zhòu）。

起初，他俩还能合作，但时间长了，一山容不下二虎，他俩便明争暗斗起来。赵汝愚推荐朱熹当宋宁宗的老师，韩侂胄为了打击赵汝愚，便从打击朱熹下手。

当时，朱熹刚给宋宁宗当老师，并不清楚皇帝的脾气。他只顾反复强调“格物、致知、诚意、正心、修身、齐家、治国、平天下”，劝宋宁宗千万不要让大臣韩侂胄独断专行。

韩侂胄正愁找不到把柄，一听说这件事，就煽动宋宁宗将赵汝愚降职，还将理学定为“伪学”，禁止当时已经 67 岁的朱熹和他的学生当官，甚至还拟了一个“逆党名单”。

宋宁宗宣布朱熹所研究的理学是“伪学”之后，朱熹依然一边讲学，一边写作。

1196 年注定是腥风血雨的一年，在这年的 12 月，“党禁”正式发生。监察御史沈继祖以捕风捉影、移花接木、颠倒捏造之手法奏劾朱熹“十大罪状”，朝廷权贵对理学掀起了一场世所罕见的残酷清算，重施北宋元祐党籍的故技，开列了一份有五十九人姓名的“伪逆党籍”。名列党籍者都受到了不同程度的处罚。

朱熹被斥为“伪学魁首”，位列黑名单之中的第五位，有人竟提出“斩朱熹以绝伪学”。朱熹以伪学之罪落职罢祠，朱子门人或遭流放，或被下狱。

1199 年，朱熹已被各种疾病所困扰，他预感到死亡的逼近，便抓紧著述。

1200 年的春天，朱熹足疾发作。此时的朱熹生命垂危，且左眼已瞎，右眼几乎失明。可即便如此，他依然每天著书立说，希望自己的思想能够传承下去。就在这年的 3 月，71 岁的朱熹在血雨腥风的“庆元党禁”运动中去世。皇帝赐他谥号“文”，世称“朱文公”。

扫码点读

guān shū yǒu gǎn (qí yī)

观书有感（其一）

[宋] 朱熹

bàn mǔ fāng táng yí jiàn kāi,
半亩方塘一鉴①开，

tiān guāng yún yǐng gòng pái huái
天光云影共徘徊②。

wèn qú nǎ dé qīng rú xǔ
问渠③那得清如许④？

wèi yǒu yuán tóu huó shuǐ lái
为有源头活水来。

注释

①鉴：镜子。

②徘徊：来回移动。

③渠：方塘。

④清如许：这样清澈。如许，这样，如此。

大意

半亩方形的池塘像一面打开的镜子，天光和云影在水面上闪耀浮动。

要问池塘里的水为什么这么清澈，是因为有源头在为它源源不断地输送活水。

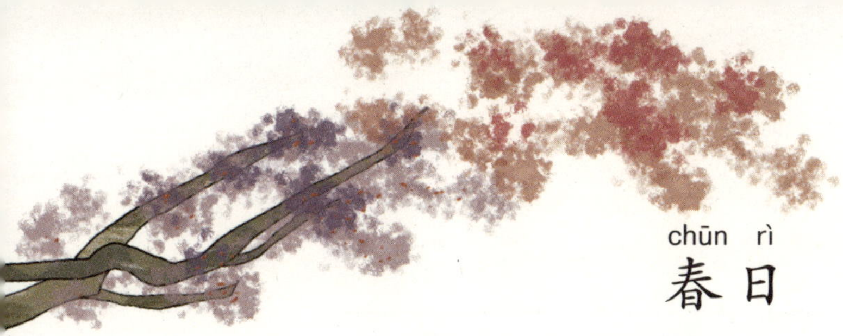

chūn rì

春日

[宋] 朱熹

扫码点读

shèng rì xún fāng sì shuǐ bīn
胜日①寻芳②泗水③滨④，

wú biān guāng jǐng yì shí xīn
无边光景⑤一时新。

děng xián shí dé dōng fēng miàn
等闲⑥识得⑦东风⑧面，

wàn zǐ qiān hóng zǒng shì chūn
万紫千红总是春。

注释

①胜日：原指节日或亲朋相聚之日，此处指晴日。

②寻芳：寻觅美好的春景。

③泗水：河名，流经山东。

④滨：水边，河边。

⑤光景：风光景物。

⑥等闲：寻常，随便，此处指很容易。

⑦识得：认识到，感觉到。

⑧东风：春风。

大意

天气晴朗的日子里，我到泗水河边寻觅美好的春景，广阔天地中的风光景物都已焕然一新。很容易就能感觉到春风的气息，一路上万紫千红，到处都是春的光景。

闲话历史

《白鹿洞书院揭示》是世界教育史上最早的教育规章制度之一，对教育目的、训练纲目、学习程序及修己治人的道理等，都一一作了明确的阐述和详细的规定，它不仅成为后来中国封建社会近700年书院办学的模式，同时还受到世界教育界瞩目，成为国内外教育家研究教育制度的重要内容之一。

在宋朝，学术上造诣最深、影响最大者之一是朱熹。他总结了以往的思想，尤其是宋代理学思想，建立了庞大的理学体系，集宋代理学之大成，其成绩为后世所称道，其思想被尊奉为官学，而其本身则与孔圣人并提，称为“朱子”。

元朝皇庆二年（1313）恢复科举，诏定以朱熹《四书章句集注》为考核内容，将朱学定为科场程式。明洪武二年(1369)，科举以朱熹等“传注为宗”。这一系列做法强化了“三纲五常”，对后世封建社会的变革产生了一定的阻碍作用。

7. 耀眼的傲娇小王子——

谢灵运

姓名：谢灵运

籍贯：陈郡阳夏（今河南太康）

生卒年：385—433

字号：名公义，字灵运

代表作：《晋书》等

名句：潜虬媚幽姿，

飞鸿响远音。

万人瞩目的明星

18岁

36岁

爵位降为康乐侯

42岁

编《晋书》

49岁

被杀

天下的文才共十斗，
魏陈思王曹植可独得八斗，
我可独得一斗，
其他才子可共得一斗。

历史中总是会有那么一个或者几个天选之子，他们一出生就光芒万丈，不但衣食无忧，而且才华出众。

谢灵运这个傲娇小王子深受当时的皇帝赞赏，皇帝多次催他当官，但他总是以各种理由推辞，即使赴任为官，也根本不理政事，依旧我行我素，放浪形骸，云游四海，最终他因为一系列出人意料的行为，终于如愿以偿地把自己给作死了。

385 年，谢灵运出生。谢氏家族是魏晋南北朝时期的名门望族，谢灵运的祖父是当时鼎鼎大名的谢玄。谢灵运自幼聪颖，从小便博览群书，才智过人，尤其喜欢吟诗作赋，因其才华横溢、文采过人，在当时就闻名于世。

18 岁时，谢灵运就已承袭了康乐公的爵位，享受着衣食无忧的生活。皇帝按惯例任命谢灵运为员外散骑侍郎（皇帝身边的闲官），谢灵运认为皇帝这样是大材小用，没有就职。

年轻的谢灵运总会突发奇想地改造自己的衣服、马车，这在当时赢得了贵族子弟们的疯狂模仿，一时成了时尚达人。就连之后的诗仙李白，也是谢灵运的小迷弟。

后来改朝换代，刘裕兵变成功，终结了东晋王朝，并如愿以偿地登上了帝位。

刘裕代替东晋自立后，谢家的地位并没有太大的改变，只是谢灵运被降为了康乐侯。谢灵运对此很是不爽，他觉得现在的侯位与自己的名望和才华不符，于是他开始不上班以表抗议，十天半月不见人影。

那他干什么去了呢？谢灵运特别喜欢旅游，他翘班出去旅游时，从不请假，也不上报，想去哪就去哪，想什么时候去就什么时候去。不仅如此，谢灵运还常常有触犯礼法律令的行为。

谢灵运的行为遭到了同僚们的一致抗议。422 年，谢灵运被贬到永嘉做太守。

到了永嘉，谢灵运对那里的山水一见钟情。他整日沉浸在如画的风景里，班也不上了，只是纵情地遨游，足迹几乎踏遍了那里的每一个地方，每次出游经常数十天不归，郡守的主要职责他也一概不闻不问。他一边玩，一边写写山水诗文，借以抒发心中的情感，就这么优哉游哉地过了一年。

有一天，谢灵运觉得当朝廷的小官也是一种束缚，便辞职回到会稽郡始宁县，过上了游山玩水的幸福生活。他还亲自设计建造别墅，吸引了不少名人雅士到这里聚会。作为一名专职作家，他作品产量很高，名气也越来越大。刚刚登基的刘宋文帝刘义隆也把谢灵运当作自己的偶像，邀请他出山当官。

起初，谢灵运没有答应，但实在是招架不住刘宋文帝的多次召唤，终于勉强当了“国家图书馆馆长”——秘书监，掌管国家的文献和典籍。

刘宋文帝极其喜欢谢灵运的诗，每日召见他从不谈及政事，只是谈论诗文，谢灵运察觉后坚决不干，心想：我这么有才的人，你整日只和我谈论诗文，我喜欢吃肉，你偏偏让我喝肉汤，这能忍么？

谢灵运看到朝堂上那些比自己官大，才气还不如自己十分之一的人，就不想搭理他们，还故意迟到早退。他不但总以生病为由不进宫里，而且经常招呼也不打就去旅游。刘宋文帝要编《晋书》，谢灵运只列了个提纲应付了事。再后来，谢灵运干脆上表称自己有病，于是刘宋文帝让他休假回家休养。

独乐乐不如众乐乐，这回他找了四个好兄弟组成“旅游团”一起游山玩水。会稽太守孟颉（yǐ）和谢灵运不合，又看不惯他的做派，便呈上一道奏章，指控谢灵运纠集同党意图谋反，请求朝廷派兵防御。

谢灵运听说了此事，亲自前往建康进行辩护，刘宋文帝再次相信了他，将其任命为临川内史。谢灵运自恃有刘宋文帝的庇护，上任之后依旧不干正事，整天想着到处游山玩水。

433 年，谢灵运再次被弹劾，刘宋文帝的弟弟派郑望生逮捕他。而谢灵运居然率兵将郑望生控制住，然后逃之夭夭了。

这一下，谢灵运彻底捅了篓子，很快就被抓住。廷尉审理认为，谢灵运率众谋反，应该处斩。

这下，不管皇帝多么稀罕他，都得治他的罪了。皇帝没舍得杀他，只是将他流放到广州。谁知数月后，传言一伙无业游民要造反营救自己的老大哥。谢灵运哪里认识什么无业游民，这分明就是栽赃嘛！但“毒舌”谢灵运得罪过的人实在是太多，皇帝见众怒难消，也只得以**“挥泪斩马谡”**的心情判谢灵运斩立决。

dá xiè huì lián shī

答谢惠连诗

扫码点读

[南北朝] 谢灵运

huái rén xíng qiān lǐ
怀人①行千里，

wǒ láo yíng shí xún
我劳盈十旬②。

bié shí huā zhuó zhuó
别时花灼灼，

bié hòu yè zhēn zhēn
别后叶蓁蓁。

注释

①怀人：所怀念的人。

②十旬：酒名。亦代指酒。

大意

我一个人端着酒杯，心里记挂着远在千里之外的你。

我们分别的时候繁花似锦，到现在已经是枝繁叶茂的时节了。

闲话历史

东晋时期，一个人出身的高低十分重要，因为那时候以九品中正制选拔官员。“旧时王谢堂前燕，飞入寻常百姓家”一句就提到了王、谢两大名门望族，其中，“王”就是王羲之所在的琅琊王氏，“谢”就是谢灵运所在的陈郡谢氏。谢玄曾经感慨，虽然自己的儿子（谢灵运的父亲）并不聪明，但自己的孙子却是个神童，他为此十分骄傲。

李白自视甚高，但却特别崇拜谢灵运。他穿着谢灵运发明的登山鞋，去走谢灵运开创的旅行路线。这可不是乱说的，有李白《梦游天姥吟留别》一诗为证。谢灵运说天下的才华曹植占了八斗，他自己占一斗，从古到今全部人加起来占一斗（这就是“才高八斗”的由来）。李白则说“天生我材必有用，千金散尽还复来”“仰天大笑出门去，我辈岂是蓬蒿人”。

图书在版编目（CIP）数据

藏在历史里的古诗词．3 / 刘鹤著；麦芽文化绘
.— 2版 .— 成都：四川教育出版社，2022.9
ISBN 978-7-5408-8364-5

Ⅰ．①藏… Ⅱ．①刘… ②麦… Ⅲ．①古典诗歌－中国－中小学－教学参考资料 Ⅳ．①G634.303

中国版本图书馆CIP数据核字（2022）第154394号

CANG ZAI LISHI LI DE GUSHICI 3

藏在历史里的古诗词 3

刘鹤◎著　麦芽文化◎绘

出品人　雷　华
责任编辑　任　舸
责任校对　刘　丹
责任印制　田东洋
封面设计　春浅浅
出版发行　四川教育出版社
地　　址　四川省成都市锦江区三色路266号新华之星A座
邮政编码　610023
网　　址　www.chuanjiaoshe.com
印　　刷　三河市祥达印刷包装有限公司
版　　次　2022年9月第2版
印　　次　2022年9月第1次印刷
开　　本　720mm×787mm　1/12
印　　张　10.5
书　　号　ISBN 978-7-5408-8364-5
定　　价　128.00元（全4册）

如发现印装质量问题，请与本社联系调换。总编室电话：（028）86365120
编辑部电话：（028）86365129

刘鹤 著

麦芽文化 绘

藏在历史里的古诗词

4

四川教育出版社

前　言

十几年前填报高考志愿时，我在中文专业和历史专业之间犹豫了很久。最终，父亲以“读史使人明智”为由为我选定了历史专业，这为我后来的工作和事业奠定了基础。

记得在学习古诗词时，我的脑海中常常跳出这样一些问题：“南朝四百八十寺”，南朝真的有四百八十座寺庙吗？为什么要建那么多寺庙呢？大诗人李白为什么要作诗赠予汪伦呢？戍守边关的将士们是不是对葡萄有所偏爱，否则怎会有“葡萄美酒夜光杯”的名句？沉浸在婉转的韵律和顿挫的节奏中，这些疑问变得越来越强烈，吸引着我去寻找答案。我相信，很多大朋友、小朋友和曾经的我都有过同样的困惑，而唯有走近诗（词）人，走进历史，才能找到答案。这套书也由此诞生。

中国古典诗词不仅是浓缩的汉语精华，充满韵律感、节奏感，散发着迷人的魅力，其中深藏的诗（词）人命运、时代背景、社会发展状况等更是吸引着一代又一代人

去探索。是的，我们传承的不仅仅是语言艺术，更是民族文化、民族精神。这套书并不拘泥于单纯的诗词教学，而是和孩子们一起回到古代，回到历史当中，回到创作的场景当中，看诗（词）人所看，思诗（词）人所思，悲诗（词）人所悲，乐诗（词）人所乐。走近诗（词）人，了解他们，融入他们，进而去见证一首首伟大作品的诞生，去感受一个个时代的兴衰。这四本书以诗（词）人的生平和古诗词的创作背景为线索，再现古诗词背后的历史故事。我始终相信，受古诗词滋养的孩子是被生活和命运垂青的幸运儿。他们不仅有着表达美的技能、创造美的能力，而且拥有纵观千年的豁达胸襟和淡看浮沉的从容与睿智。

如果你是学龄前的小朋友，你可以用此套书开启美妙的古诗词之旅。去吧，去看看那些有趣的人和有趣的事！

如果你是一名小学生，你可以将此套书立于案头。当你想学习古诗词时，翻开它们，走进诗（词）人的生活和情感，感受时代给予他们的自由或束缚！

如果你是一位古诗词爱好者，你可以将此套书置于床头。在每一个晨昏浸润于古诗词的美妙中，穿越于历史的浮沉间。

爱诗词，爱诗（词）人，更爱那些璀璨的时代。让我们带着这份深爱，一起走进历史，寻找藏在历史里的古诗词。我相信，你们一定会爱上这套书！

刘鹤

目　录

5.“诗”往何处
——归处 /87

1. 天真活泼的内心世界——

童趣

儿童急走追黄蝶，

飞入菜花无处寻。

你还记得你过去喜欢玩的游戏和心爱的玩具吗？

现今，我们的物质生活很丰富，玩具也五花八门，搭建类的、益智类的、图画类的，多种多样。可是在古代，孩子们可没有这么多的玩具，那他们以什么为乐呢？

有很多喜欢孩子的诗人，他们常观察孩子们玩什么，发现孩子们的童年充满了童趣。

有一次，一位叫胡令能的诗人去农村找朋友玩。夏天的农村风景优美，空气清新，环境幽静，胡令能感到心旷神怡。走到一个岔路口时，他有些犹豫，不知该往哪边走。

这时，他看见池塘边有一个小孩子在钓鱼。那小孩子头发乱蓬蓬的，坐在青草丛中，不细看都不能发现他。胡令能想：这小孩子肯定是附近村子里的，应该知道怎么走。于是便向那小孩子走去。那小孩子听到脚步声，老远就向他摆手，意思是叫他别过去，以免吓跑了鱼儿。胡令能只好站在原地等着。不过等待的时候他也没闲着，琢磨出了一首诗，那就是《小儿垂钓》。

等了好久，小孩子终于钓上来一条鱼，才问胡令能有什么事。

胡令能因为这首诗而被我们熟知，但事实上，他留下来的诗并不多。胡令能这个人很有意思，年轻的时候，以修补锅碗瓢盆为生，是个正儿八经的手艺人，人称“胡钉铰”。他读书也很勤奋，常有奇思妙想。据说，胡令能曾做过一个梦，梦见一位白胡子老爷爷把一卷诗书塞到了他的肚子里，睡醒之后他便能口吐珠玑、吟诗作对了。

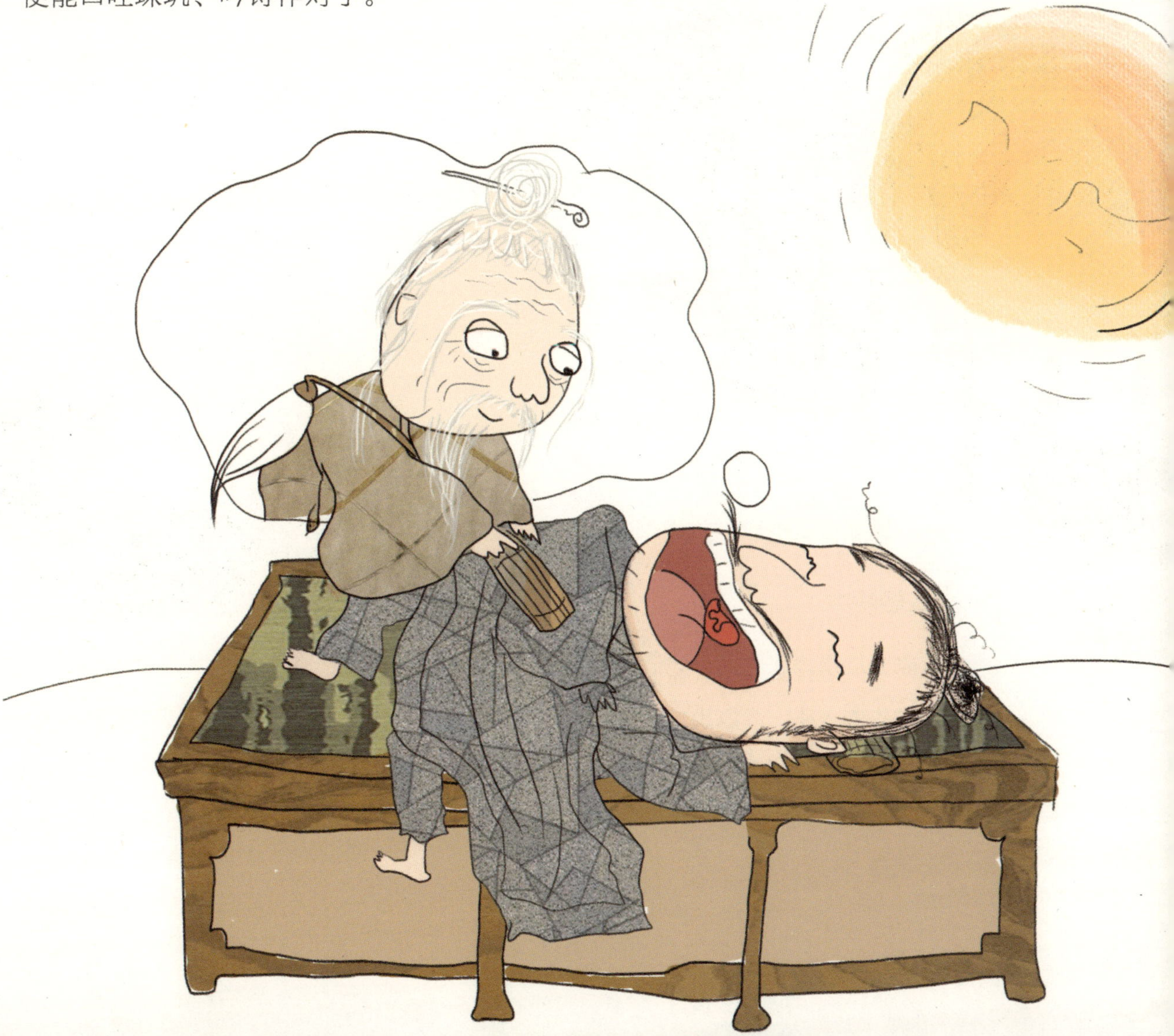

胡令能一生都没做过官，他隐居在圃田。像胡令能这样的隐士还真不少。他们有的“隐”一时，有的“隐”一世。他们有的先当官，再隐逸，比如陶渊明；有的一边当官，一边隐居，比如王维。比较著名的还有庄子、鬼谷子、张良、司马徽等。

知识小达人

什么是隐士?

隐士就是隐居之人，他们始终保持着独立的人格，追求思想自由，不攀附权贵，且具有超凡的学识。

不当官不代表不劳动哟!
只在此山中，云深不知处。
无丝竹之乱耳，无案牍之劳形。

会读书，能除霸，
我是当代好青年！

当了大官又归隐田园的诗人也不少，比如这位出生于正月初一的名叫张龟龄的才子。据说，他的妈妈在生他前曾梦见一位神仙给她灵龟吞服，因此给他取名“龟龄”。

在很多人眼中，“童趣”就是捕鱼、捉虫、堆雪人等。而对于小龟龄来说，读书、写字、作诗才是“童趣”。据说，他三岁能识字读书，六岁会写诗，十六岁的时候就明经及第，是名副其实的“神童”。弱冠之年，张龟龄太学毕业，太子李亨对他十分器重，赐给他“张志和”这个名字。

有一次，张志和回家省亲，遇到强盗，他便热心地协助地方官一举消灭了强盗团伙。家乡人听说后，都称他为“神张”。

知识小达人

古代关于不同年龄的叫法

孩提：一般指两三岁的儿童。

垂髫：一般指三至八岁的小孩子。

总角：一般指九至十四岁的孩子。这个年龄的孩子头发分为左右两半，在头顶各扎成一个结。

豆蔻：一般指十三四岁的女子。

束发：一般指男子十五岁。这时候男子将两个总角束成一个发髻。

及笄：指女子十五岁。这时候女子把头发扎在一起，用笄贯之。在古代这是女子可以结婚的年龄。

弱冠：指男子二十岁。

而立：指人三十岁。

不惑：指人四十岁。

知命：指人五十岁。

花甲、耳顺：指人六十岁。

古稀：指人七十岁。

耄耋（mào dié）：指人八九十岁。

期颐：指人一百岁。

唐肃宗即位后，封二十四岁的张志和为左金吾卫大将军。那时候唐朝与边境的回纥摩擦不断，但唐肃宗急于从安史叛军手中收复京师，答应了回纥的条件来借回纥兵平叛。张志和一直劝说唐肃宗收回成命，但唐肃宗不听。张志和的唠叨让唐肃宗心烦，于是唐肃宗找了个理由把张志和降了职。张志和二十六岁那年，他的父亲去世了，他以守丧为由辞了官。为父亲守丧刚满三年，他的妻子又去世了。失去了挚亲的张志和彻底打消了当官的念头，来到西塞山当起了渔翁，自号“烟波钓徒”，开始了隐居生活。

张志和选择的这个地方依山傍水，大小河流湖泊众多。他的日常娱乐活动就是钓鱼，生活过得悠闲安乐。

不过，他的悲剧也是因为水。一天，张志和买了点下酒菜，喝了一壶小酒后，扛着鱼竿，提着小桶去钓鱼。酒劲儿一上来，他感到头晕目眩，一头栽倒在水中，溺水而亡，年仅四十二岁。

在我国古代，有条件的农民家中都会饲养耕牛。与单纯的人力耕种相比，牛拉着铁犁耕地可以大大提高工作效率。一个人原本三天才能干完的活儿，有了牛的帮助，一天就能干完。所以呀，牛是我们的好朋友。孩子小的时候，不能耕地，但是可以帮大人放牛。孩子嘛，肯定是一边放牛一边玩儿的。不信你看：

最早的时候，牛并不是用来耕地的，而是用来作“牺牲”（祭祀用的祭品）的，关于这一点，我们从“牺牲”两字的偏旁就能看明白。到了春秋时期，牛才被用来帮农民耕地。此外，牛也可以用来拉车，白居易写的那篇《卖炭翁》中，卖炭老人驾驶的就是一辆牛车。

中国老百姓对牛很有好感，往往把它同勤劳刻苦、无私奉献的精神联系在一起。比如，宋代抗金将领李纲在《病牛》中写道：“但得众生皆得饱，不辞羸病卧残阳。”

随着科学技术的发展，月亮的神秘面纱被人类揭开。我们现在已经知道，月亮上既没有广寒宫，也没有嫦娥和玉兔。但古时候的人并不知道，小孩子们就更不知道啦。因此，小孩子总喜欢看月亮（大人也喜欢），总希望自己的眼力好，能看出点什么门道。就算是大诗人李白，在小时候也总爱看着月亮发呆。那时候他一会儿把月亮称为白玉盘，一会儿又觉得那是一面飞上天的镜子。不管怎么说，我们不得不佩服大诗人的想象力。

小时不识月，
呼作白玉盘。
又疑瑶台镜，
飞在青云端。

肯定有人纳闷儿，做学生有什么意思呀！其实做学生很有意思。古代的学生，除了要跟着老师学习文化课，还要参与实践，“言传身教”就是这么来的。比如有个小朋友就很有福气，他的老师是位药学家，他会跟着老师去采药，认识各种药材，参与实践。但是这个小朋友是谁呢？感兴趣的你可以去查一查。

xiǎo ér chuí diào

小儿垂钓

[唐] 胡令能

péng tóu zhì zǐ xué chuí lún
蓬头①稚子②学垂纶③，

cè zuò méi tái cǎo yìng shēn
侧坐莓④苔⑤草映⑥身。

lù rén jiè wèn yáo zhāo shǒu
路人借问⑦遥招手，

pà dé yú jīng bú yìng rén
怕得鱼惊⑧不应⑨人。

扫码点读

注释

①蓬头：头发乱蓬蓬的，形容小孩可爱。

②稚子：年龄小的、懵懂的孩子。

③垂纶：钓鱼。纶，钓鱼用的丝线。

④莓：一种野草。

⑤苔：苔藓植物。

⑥映：遮映。

⑦借问：向人打听。

⑧鱼惊：鱼儿受到惊吓。

⑨应：回应，答应，理睬。

大意

一个可爱的小孩儿在河边学钓鱼，他侧坐在莓苔上，绿草遮映着他的身子。

听到路人问路，他远远地摆了摆手，生怕惊动了鱼儿，因而没有回应路人。

yú gē zǐ
渔歌子①

[唐] 张志和

扫码点读

xī sài shān qián bái lù fēi
西塞山②前白鹭③飞，

táo huā liú shuǐ guì yú féi
桃花流水④鳜鱼⑤肥。

qīng ruò lì lǜ suō yī
青箬笠⑥，绿蓑衣⑦，

xié fēng xì yǔ bù xū guī
斜风细雨不须⑧归。

注释

①渔歌子：词牌名，原为唐教坊曲名。

②西塞山：在浙江省湖州市。

③白鹭：一种白色的水鸟。

④桃花流水：桃花盛开的季节正是春水上涨的时候，俗称桃花汛或桃花水。

⑤鳜鱼：淡水鱼，江南又称桂鱼，肉质鲜美。

⑥箬笠：用竹叶或竹篾做的斗笠。

⑦蓑衣：用草或棕麻编成的雨衣。

⑧不须：不一定要。

大意

西塞山前的白鹭在自由地飞翔，江边桃花盛开，春水初涨，水中鳜鱼肥美。

渔翁头戴青色的斗笠，身披绿色的蓑衣，在斜风细雨中悠然垂钓，乐而忘归。

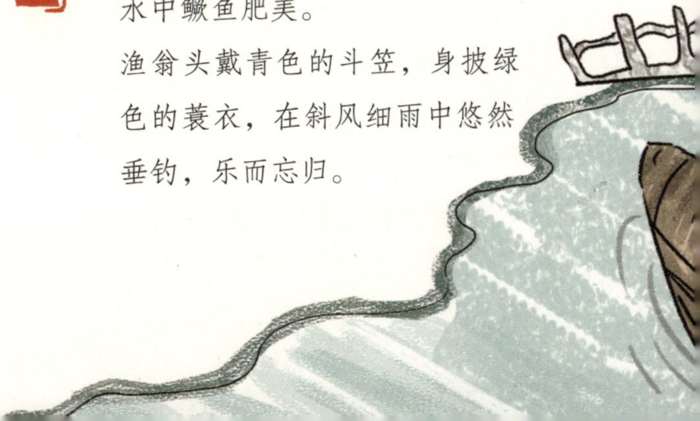

扫码点读

xún yǐn zhě bú yù
寻①隐者②不遇③

[唐] 贾岛

sōng xià wèn tóng zǐ
松下问童子④，

yán shī cǎi yào qù
言⑤师采药去。

zhǐ zài cǐ shān zhōng
只在此山中，

yún shēn bù zhī chù
云深⑥不知处⑦。

注释

①寻：寻访。

②隐者：隐士，隐居在山林中的人。

③不遇：没有见到。

④童子：未成年的小孩，此处指“隐者”的弟子。

⑤言：回答，说。

⑥云深：指山中云雾缭绕。

⑦处：行踪，所在。

大意

苍松下询问年少的学童，他说师傅已经去山中采药了。

只知道师傅就在这座大山里，可山中云雾缭绕，具体在什么位置就不知道了。

suǒ jiàn
所见

[清] 袁枚

扫码点读

mù tóng qí huáng niú
牧童① 骑黄牛，

gē shēng zhèn lín yuè
歌声振② 林樾③。

yì yù bǔ míng chán
意欲④ 捕⑤ 鸣⑥ 蝉，

hū rán bì kǒu lì
忽然闭口立⑦。

注释

①牧童：指放牛的孩子。

②振：震荡，回荡。说明牧童的歌声嘹亮。

③林樾：指道路两旁成荫的树。

④欲：想要。

⑤捕：捉。

⑥鸣：叫。

⑦立：站立。

大意

牧童骑在黄牛背上，嘹亮的歌声在林间回荡。

忽然想要捕捉树上鸣叫的知了，于是立刻停止唱歌，跳下牛背，静悄悄地站立在树旁。

闲话历史

唐肃宗曾赐给张志和奴、婢各一，张志和分别称他们为“渔童”和“樵青”。张志和携奴、婢隐居于太湖流域的东西苕（tiáo）溪与霅（zhà）溪一带，扁舟垂纶，浮三江，泛五湖，以渔樵为乐。

贾岛，字阆（làng）仙，也作浪仙，自号“碣石山人”，人称“诗奴”。

贾岛早年出家为僧，法号无本。据说贾岛在洛阳的时候因当时有禁止和尚午后外出的命令，于是他作诗表示对此的不满，结果被韩愈发现其才华，由此成为“苦吟诗人”。后来受教于韩愈，并还俗参加科举，但是一直没有考中。唐文宗的时候他被排挤，被贬做遂州长江县主簿，故也被称“贾长江”。贾岛一生穷愁，因此其诗多写荒凉枯寂之境。贾岛长于五律，重词句锤炼；与孟郊齐名，苏轼以“郊寒岛瘦”来指孟郊、贾岛所作诗的风格，后人以此来形容诗文类似的意境。

2. 愿得此身长报国——

军魂

伏波惟愿裹尸还，
定远何须生入关。
莫遣只轮归海窟，
仍留一箭射天山。

每个时代、每个国家都需要军人维护国家的稳定，保卫人民的安全。在从军的将士和随行队伍中，有一些能作诗的人才。战争和边塞生活给了他们灵感，使他们的诗具有一种新的风格。这些诗被称作边塞诗。

有一位叫卢纶的青年，参加了好多次“公务员考试”都没成功。这年他准备充分，信心十足地又一次进京赶考，可谁知遇上了安史之乱。后来，他又多次参加科举考试，可都未能及第。

卢纶才华横溢，因此很多官员都听说过他。他也被评为“大历十才子”之一。宰相元载和王缙找卢纶聊天，发现卢纶完全具备被破格录取的条件。于是元载和王缙向皇帝推荐卢纶，让他当了校书郎。

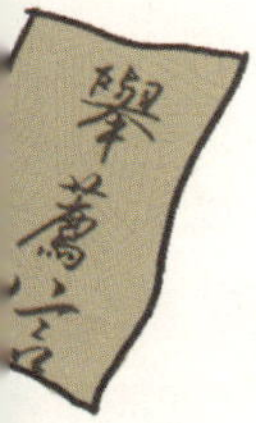

谁知，元载仗着自己位高权重，独揽朝权，排除异己，十分嚣张。终于，皇帝生气了，逮捕了元载和王缙，还赐死元载全家。不得不说，才子卢纶毁在了“交友不慎”上。这下，卢纶受到了牵连，官当不成了，还差点被抓起来。

没过几年，唐代宗就去世了。他的儿子唐德宗继位，重新任用卢纶。唐德宗任命卢纶为元帅府判官，让他去军队锻炼锻炼。这段时期的军营生活，使卢纶的诗风变得粗犷豪放。他写了一些关于军旅的边塞诗歌，其他没去过边塞的诗人看到这些诗后十分羡慕。

有一天半夜，卢纶被一阵脚步声惊醒。原来，军队得到情报：敌人的残兵要趁夜逃跑。军队将领下令骑兵立即追捕。卢纶看着骑兵队伍消失在茫茫风雪中，内心十分激动，作下一首《塞下曲》。

卢纶在军营中写了一首又一首诗，有的诗描写了战士们征战沙场的英勇表现，有的诗描写了伤病退伍军人的凄惨境遇。渐渐地，这些诗传到了皇帝的耳中。皇帝十分欣赏卢纶的才华，想要重用他。谁知，卢纶不久就去世了。

凉州词作为边塞诗的流行曲调，用其填词创作者自然不少，如诗人孟浩然、陆游、张籍等。但王翰所写的《凉州词》更为出名。这首诗里的葡萄酒、夜光杯、琵琶在当时都是西域特有的。

知识小达人

夜光杯

“夜光杯”是一种用玉雕琢成的酒杯。这种酒杯薄如蝉翼，当杯中装满酒时，在月光下会产生波光粼粼的效果，因此得名“夜光杯”。

王翰也是千古奇才子。他家境富裕，养了很多名马，自家还有歌舞团，生活上堪比王侯。再加上他才华横溢，不仅会写诗，还能歌善舞，因此为人甚是高调。据说，他年轻时还是风度翩翩的美少年。当时的宰相张说看中了王翰的才华，推荐他做了驾部员外郎，这让他有机会接触西北前线的将士，了解他们的生活。

后来，张说被罢了相位，王翰也跟着倒霉。王翰被一贬再贬，索性破罐子破摔，每天邀请文人墨客一起吃饭，打猎，唱歌，跳舞。王翰多次被贬之后的经历，没有历史记载，人们只知道，他被贬到湖南后就没了音信。

王翰是一位高产的诗人，著有文集十卷，但都没有流传下来。《全唐诗》仅收录了十四首王翰的诗，其中以《凉州词》最为著名。一代才子就这样淹没在了历史的长河中，再也寻不到踪影。

有生之年能够看到祖国统一、国家安定是爱国者的幸事。但不是每位爱国诗人都能看到国家统一。大诗人陆游就是抱憾而终的代表。1210 年，八十六岁高龄的陆游一病不起，他自觉时日不多，便写下绝笔诗《示儿》。

陆游是名门望族出身，其高祖曾是进士，祖父是王安石的学生，父亲也是一位非常有修养的官员。陆游十二岁就能写诗作文，十分聪慧。二十八岁那年，陆游参加官员子弟的专场考试，取得了第一名的成绩。当时，秦桧的孙子秦埙（xūn）也参加了考试。自己的孙子没得第一，秦桧很生气，便对陆游怀恨在心。因此直到秦桧死后，陆游才当了官。

陆游的为官生涯起起伏伏。他直言进谏，主张抗金，受到了那些“主和派”的排挤。

1192 年的秋天，陆游已经六七十岁了。他已经回家乡山阴生活了一段时间。听说陆游回到了山阴，不少文人雅士便前来拜访他，辛弃疾便是这里的常客。辛弃疾多次提出要给陆游修缮房屋，都被陆游拒绝了。

1206 年，南宋下定决心出兵北伐，收复被金国侵占的土地，可战争没持续多久就失败了。陆游听到消息后，忧愤成疾，一病不起。直到去世，他都没有看到中原收复。

清朝末期政府无能，很多文人报国无门，非常苦恼。龚自珍就是其中之一。龚自珍出身官宦之家，家境很好，自幼受母亲影响，从小就好读诗书，十五岁便出了人生第一本诗集。

龚自珍二十七岁考中举人，三十八岁考中进士，仕途还算顺利。他为人正直，在朝时主张革除弊政，抵御外侮，因此得罪了不少权贵，处处受到排挤和打击，十分郁闷。

1839年，他终于无法忍受同事们的排挤了。他对朝廷十分失望，觉得再待下去也无法实现报国理想，还不如回老家教学生，于是他决定辞职。

龚自珍辞职后，就离开了京城。之后，他又北上迎接留在京城的家眷。就在往返途中，他写了很多优秀的诗篇，总称《己亥杂诗》，共三百一十五首。

1841 年，龚自珍在丹阳突然死亡。有的人说，他是被人毒杀的，但没有任何证据。龚自珍究竟是怎么死的，成了历史上的一个谜。

sài xià qǔ

塞下曲①

[唐] 卢纶

扫码点读

yuè hēi yàn fēi gāo

月黑②雁飞高，

chán yú yè dùn táo

单于③夜遁④逃。

yù jiàng qīng qí zhú

欲将⑤轻骑⑥逐⑦，

dà xuě mǎn gōng dāo

大雪满⑧弓刀。

注释

①塞下曲：古时边塞的一种军歌。

②月黑：没有月光。

③单于：匈奴的首领。这里泛指侵扰唐朝的游牧民族首领。

④遁：逃走。

⑤将：率领。

⑥轻骑：轻装的骑兵。

⑦逐：追赶。

⑧满：沾满。

大意

寂静的黑夜中，乌云遮月，天边大雁惊飞，单于的军队想要趁着夜色潜逃。

我方将领得知后正要率领轻骑兵追赶，大雪纷纷扬扬落满了身上的弓刀。

liáng zhōu cí
凉州词

[唐] 王翰

pú táo měi jiǔ yè guāng bēi
葡萄美酒夜光杯①，

yù yǐn pí pá mǎ shàng cuī
欲②饮琵琶③马上催。

zuì wò shā chǎng jūn mò xiào
醉卧沙场④君⑤莫笑，

gǔ lái zhēng zhàn jǐ rén huí
古来征战⑥几人回？

扫码点读

注释

①夜光杯：用玉制成的酒杯，杯中装满美酒时会在月光下产生波光粼粼的效果。这里指华贵而精美的酒杯。

②欲：将要。

③琵琶：这里指作战时用来发出号角的声音的乐器。

④沙场：这里指战场。

⑤君：你。

⑥征战：打仗。

大意

葡萄酿制的美酒盛在精美的夜光杯之中，正要开怀畅饮却听见催人出战的号角声。

若是我醉倒在了战场上你也不要笑话我呀，你看自古以来，出征打仗的将士有几个能够活着回来？

扫码点读

liáng zhōu cí (qí yī)

凉州词（其一）

[唐] 王之涣

huáng hé yuǎn shàng bái yún jiān

黄河远上白云间，

yí piàn gū chéng wàn rèn shān

一片孤城万仞山①。

qiāng dí hé xū yuàn yáng liǔ

羌笛②何须③怨杨柳④，

chūn fēng bú dù yù mén guān

春风不度⑤玉门关。

注释

①万仞山：形容山高。

②羌笛：一种羌族乐器。

③何须：何必。

④杨柳：指《折杨柳》一曲。

⑤度：吹过。

大意

黄河远远望去，好像直奔向九重云天，一座孤零零的城池独自矗立在崇山峻岭之间。

何必用羌笛吹起那哀怨的《折杨柳》，怨叹春季不来，春风根本无法吹过这玉门关。

扫码点读

shì ér
示儿①

[宋] 陆游

sǐ qù yuán zhī wàn shì kōng
死去元知②万事空③，

dàn bēi bú jiàn jiǔ zhōu tóng
但④悲不见九州⑤同⑥。

wáng shī běi dìng zhōng yuán rì
王师⑦北定中原⑧日，

jiā jì wú wàng gào nǎi wēng
家祭⑨无忘⑩告乃翁⑪。

注释

①示儿：写给儿子看。

②元知：原本知道。元，同“原”，本来。

③万事空：什么也没有了。

④但：只是。

⑤九州：这里代指宋代的中国。古代常用九州指代中国。

⑥同：统一。

⑦王师：指南宋朝廷的军队。

⑧中原：淮河以北被金人侵占的地区。

⑨家祭：祭祀家中先人。

⑩无忘：不要忘记。

⑪乃翁：你们的父亲，指陆游自己。

大意

我原本就知道人死之后就什么都没有了，我只是悲痛没能亲眼看到收复中原。

当大宋军队北进收复中原失地的那天，你们举行家祭时，千万别忘了把这个好消息告诉你们的父亲。

jǐ hài zá shī qí èr bǎi èr shí

己亥杂诗（其二百二十）

[清] 龚自珍

扫码点读

jiǔ zhōu shēng qì shì fēng léi
九州① 生气② 恃③ 风雷，

wàn mǎ qí yīn jiū kě āi
万马齐喑④ 究可哀。

wǒ quàn tiān gōng chóng dǒu sǒu
我劝天公重抖擞⑤，

bù jū yì gé jiàng rén cái
不拘一格降⑥ 人才。

注释

①九州：中国的别称之一。

②生气：生机勃勃的局面。

③恃：依靠。

④万马齐喑：所有的马都沉寂无声，比喻社会政局毫无生气。喑，沉默。

⑤抖擞：振作，奋发。

⑥降：降生，降临。

大意

只有依靠风雷激荡的力量才能使中国重现生机，然而如今毫无生气的社会政局着实令人感到悲哀。

我奉劝上天重新振作精神，不受限于固定的规格，降下可用的人才。

闲话历史

边塞诗又称出塞诗，是以边疆地区军民生活和自然风光为题材的诗。代表诗人有高适、岑参、李颀、王昌龄、王之涣、王翰等。

唐代前期实施府兵制。府兵平时耕种，农隙训练，战时从军打仗。这样就减轻了国家养兵的负担。这种制度的缺点是军队组织速度慢，战斗力弱。如果征战时间长，还会影响农田收成和朝廷的税收。

不同朝代的人考中进士的平均年龄不同，但总体来说三四十岁考中进士属于正常水平。北宋的文学家、政治家晏殊十四岁考中进士，已是“神童”水平。清代有位叫陆云从的老人，一百零三岁还在参加科举考试。

3. 万物皆有诗灵——寄情

风雨送春归，飞雪迎春到。
已是悬崖百丈冰，犹有花枝俏。
俏也不争春，只把春来报。
待到山花烂漫时，她在丛中笑。

今天我们要谈的“万物皆有诗灵”强调的是诗人通过观察物而获得的作诗灵感。在语文课上，老师也许会告诉我们，这类古诗叫作“咏物诗”。咏物诗中的“物”有时候与诗人的思想融合在一起，有时候寄托了诗人的某种情感，有时候能够反映诗人的生活情趣。根据统计，仅《全唐诗》中的咏物诗就有六千多首，可见古人对“物”的思考是不遗余力的。

月亮可以说是雅俗共赏的景物，很多古诗词中都有月亮。与李白处于同时代的宰相张九龄，就很喜欢观赏月亮。

张九龄的父亲是个渔民。据说有一天，张九龄的父亲钓到了一条十几斤重的九鲮鱼，那鱼的眼睛一眨一眨的好像在流泪。张九龄的母亲觉得它十分可怜，就将它放走了。

此后不久，张九龄的母亲便怀孕了。孩子生下来后，她看着孩子那双水汪汪的眼睛觉得眼熟，回忆了半天，想起了那天的九鲮鱼。她想：一定是那条鱼投胎报恩来了。于是夫妇俩就给这个孩子取名为“九鲮”（后改为“九龄”）。

张九龄官至宰相，是一位有胆识和远见的政治家。唐玄宗被李林甫的谗言所惑，免去了张九龄的参知政事一职，张九龄因此还乡。临走前，张九龄送给唐玄宗三件礼物：一把伞、一杆秤和一只米升。唐玄宗问:“你给我这些玩意儿是什么意思？”张九龄解释道：“若天有不测风云，陛下可以用这把伞遮风避雨。若他日陛下想我了，可以去我的家乡找我。如果我不在家，您就顺着河找我。看到两河交汇的地方，您就用米升量水，再称一称，哪边的水重，您就走哪边，肯定能找到我。”由此可见他对唐玄宗感情之深。

一年多后，唐玄宗果然派人去请张九龄回京做官，但被张九龄拒绝了。张九龄病逝后，唐玄宗伤心地流下了眼泪。

张九龄还是一位知人善任的伯乐，为朝廷发掘了不少人才。比如孟浩然、王维等人，都曾受到他的帮助。

据史书记载，张九龄是一位举止优雅、气度不凡的绅士，他去世后，唐玄宗对于宰相推荐的人才，总会问一句：“他有没有张九龄的风度哇？”

知识小达人

参知政事是什么官?

在唐代，参知政事是一种头衔。有了这种头衔的人可以进入政事堂参与讨论朝政，是“宰相群”中的一员。

张九龄的才华，通过他参加科举考试这件事就能知道。张九龄参加科举考试那年一举中第，但主考官沈佺期被指控受贿。于是，皇帝武则天命中书令李峤主持重考。李峤的才华也是出了名的，他与苏味道、杜审言、崔融合称“文章四友”。李峤亲自阅卷，依然给了张九龄一个高分。李峤后来官至宰相，关于他的故事也有很多。

李峤小时候做过一个梦，梦到一位神仙送给他两支笔，从此他学习如有神助。后世便用“双笔”形容一个人才华横溢。

长大后，李峤的学习从不用母亲操心，但李母却为其他事忧愁。原来李峤家里有兄弟五人，其他人都不到三十岁就去世了，李母担心李峤也会如此，就请相士袁天罡来看相。

袁天罡看完后，认为李峤活不过三十岁。李母很害怕，让相士再看看李峤睡觉时的样子。第二天，袁天罡对李母说：“放心吧，你儿子睡觉时呼吸调息如龟，这叫龟息，他肯定能长寿的。”后来，李峤活到将近七十岁，官至宰相。

古人喜欢观察世间万物，上至日月星辰，下至山川河流，而观察得最多的还是人们的日常生活。

有一次，唐代文学家罗隐考进士又没中，他很失望地往家走。路上，他经过一片农田，看到农民们在田里耕种十分辛苦。而此时，恰巧有一只蜜蜂嗡嗡嗡地从他眼前飞过。罗隐看了看蜜蜂，又看了看农民，觉得这两者之间有相似之处，于是就写出了《蜂》。

罗隐原来不叫这个名字，而叫“罗横”。改名的原因说起来有点好笑。据说他考了十几次进士都没中，他心想：考不上我就当个隐士好了。他越想越郁闷，干脆就把名字改成了“罗隐”。这件事史称“十上不第”。不过好在最终他还是考上了。

说起罗隐，他的童年其实蛮苦的，父母双亡，他与祖母相依为命。

罗隐虽然童年不幸，但自小天资聪颖，年少时就声名远扬，很多人从大老远的地方专门跑到他家，求他写一首诗。大家都笃定，这样的才子考科举肯定一考就中。可谁知，他的科举之路崎岖得让人很是疑惑。

其实这也不难理解，因为在晚唐时期，官员的选拔渠道更多样化，通过考试能获得的岗位变少，文人才子们的机会也就少了许多。而且，大唐的朝廷竟然还是“外貌协会”，科举选拔对考生的长相还有一定要求，而罗隐偏偏长得不好看，真令人哭笑不得。

民间还传说，罗隐是“讨饭骨头圣旨口”，意思是罗隐家境贫寒但说话总能应验。这话从何说起呢？

据说，罗隐的祖母常常向左邻右舍借米借盐。时间久了，邻居们见有借无还就不借了。罗隐的祖母常常气得一边做饭一边数落那些没有同情心的邻居们。她说：“张大花不借米，一遭。李大个不借油，一遭。”灶王爷把“一遭”误听为“一刀”，实在吓得不轻，心想：人家不借东西怎么还要给人家“一刀”呢？他便去向玉皇大帝告状。

玉帝一听，派人将罗隐的“龙骨”拆了，唯独给罗隐留下了一张说什么都能应验的嘴巴，这便是“讨饭骨头圣旨口”。其实，罗隐言出必中，只是因为他生活经验丰富、逻辑推理能力较强罢了。

可别以为写诗作赋是大人们才能做的事儿，其实在古代，十岁出头便能作诗的小孩可不少。

据说有一次，一个十几岁的小男孩来到一座石灰窑前，看见师傅们正在煅烧石灰。青黑色的山石经过高温处理后，都变成了白色的石灰。他略加思索之后吟出一首《石灰吟》。

这个小孩儿叫于谦，《石灰吟》的后两句诗“粉身碎骨浑不怕，要留清白在人间”像座右铭一样，成为他的人生信念。

于谦少年时期即刻苦读书，志向高远。他敬佩、仰慕文天祥的气节，将文天祥的像悬挂在座位旁边。

据说，于谦七岁的时候，有个和尚惊奇于他的相貌，说：“这是将来拯救时局的大人物。”八岁的时候，他穿着红色衣服，骑马玩耍。邻家老者觉得很有趣，戏弄他说：“红孩儿，骑黑马游街。”于谦应声而答：“赤帝子，斩白蛇当道。”于谦对出的下联不仅工整，而且显露出他非同寻常的气势。

长大后，他为官清正廉洁，还带领将士们击退了瓦剌的侵扰，保卫了北京城。最后因为奸臣陷害，他含冤而死。

《明史》称赞于谦“忠心义烈，与日月争光”。他与岳飞、张煌言并称“西湖三杰”。

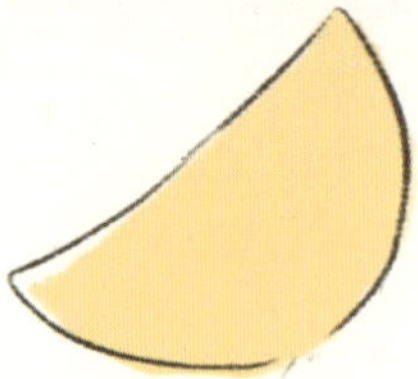

扫码点读

wàng yuè huái yuǎn

望月怀远①

[唐] 张九龄

hǎi shàng shēng míng yuè, tiān yá gòng cǐ shí。

海上生明月，天涯共此时。

qíng rén yuàn yáo yè, jìng xī qǐ xiāng sī。

情人②怨遥夜③，竟夕④起相思。

miè zhú lián guāng mǎn, pī yī jué lù zī。

灭烛怜⑤光满，披衣觉露滋⑥。

bù kān yíng shǒu zèng, huán qǐn mèng jiā qī。

不堪盈手赠，还寝梦佳期。

注释

①怀远：怀念远方的亲人。

②情人：多情的人，指作者自己，一说指亲人。

③遥夜：长夜。

④竟夕：终宵，即一整夜。

⑤怜：爱。

⑥滋：湿润。

大意

茫茫的海上升起一轮明月，此时你我天各一方共相望。

有情之人都怨恨月夜漫长，整夜不眠而把亲人思念。

熄灭蜡烛怜爱这满屋月光，我披衣徘徊深感夜露寒凉。

不能把美好的月色捧给你，只望能够与你相见在梦乡。

fēng

风

[唐] 李峤

扫码点读

jiě luò sān qiū yè

解① 落 三 秋② 叶，

néng kāi èr yuè huā

能 开 二 月③ 花。

guò jiāng qiān chǐ làng

过④ 江 千 尺 浪，

rù zhú wàn gān xié

入 竹 万 竿 斜⑤。

注释

①解：解开，这里指吹。

②三秋：农历九月，指秋天。

③二月：农历二月，指春天。

④过：经过。

⑤斜：倾斜。

大意

风能吹落秋天的树叶，能催开春天的鲜花。

刮过江面能掀起千尺巨浪，吹进竹林能使万竿倾斜。

fēng
蜂

扫码点读

[唐] 罗隐

bú lùn píng dì yǔ shān jiān
不论平地与山尖①，

wú xiàn fēng guāng jìn bèi zhàn
无限风光②尽被占③。

cǎi dé bǎi huā chéng mì hòu
采④得百花成蜜后，

wèi shuí xīn kǔ wèi shuí tián
为谁辛苦为谁甜？

注释

①山尖：山峰。
②无限风光：极其美好的风景。
③占：占有，占据。
④采：采取，这里指采取花蜜。

大意

无论是在平地还是山峰，蜜蜂占尽了全部的美好风景。
蜜蜂啊，你采尽百花酿成了花蜜，到底为谁付出辛苦，又想让谁品尝香甜呢？

shí huī yín

石灰吟

[明] 于谦

扫码点读

qiān chuí wàn záo chū shēn shān

千锤万凿①出深山，

liè huǒ fén shāo ruò děng xián

烈火焚烧若等闲②。

fěn gǔ suì shēn hún bú pà

粉骨碎身浑③不怕，

yào liú qīng bái zài rén jiān

要留清白④在人间⑤。

注释

①千锤万凿：无数次的锤击开凿，形容开采石灰非常艰难。千、万，虚词，形容很多。锤，锤打。凿，开凿。

②若等闲：好像很平常的事情。若，好像。等闲，平常。

③浑：全。

④清白：指石灰洁白的本色，又比喻高尚的节操。

⑤人间：人世间。

大意

石灰石要经过无数次的锤击开凿才能从深山里开采出来，它把熊熊烈火的焚烧当作很平常的一件事。即使粉身碎骨也毫不惧怕，只要能把高尚的气节留在人世间。

闲话历史

生活中不少事物有着鲜明的特性，只要我们细心观察，深入思考，就会获得不一样的启示和感悟。古人们对这些事物进行思考及表达后，将它们与某些品格、情绪联系起来，形成了具有特定含义的意象，比如梅兰竹菊代表君子的高贵品格，杨柳、大雁代表思乡，啼猿、杜鹃代表悲凄忧思，夕阳、流水代表怀古和岁月流逝……万物中的诗灵正等待你用一双慧眼去发现。

如果生在唐朝，做官有几种途径？

第一，做文科生，参加科举考试。第二，做武科生，当个小兵守边疆、建功业。第三，做谋士，进入将军、贵族等开设的幕府之中成为顾问。第四，大作家可以给皇帝写诗文，这叫“献赋求仕”。第五，游览山川，结交名流，这叫“漫游”。第六，拜访达官贵人，被举荐。第七，面见皇帝，受皇帝喜欢，被直接授予官职。第八，通过成为隐逸之士来提高知名度，进而被赏识。

4. 故乡啊故乡——

思乡

举头望明月，
低头思故乡。

什么是故乡？故乡就是我们从小长大的地方。从古至今，无数年轻人因为求学、生活或其他原因，不得不离开故乡。

有时候，故乡是母亲亲手缝补的衣裳。

现在，我们可能直到上大学才会离开故乡。而在古代，因为教育资源稀缺，有一些生活在小地方的学生不得不小小年纪就离乡求学。那时候，交通不便，不知道孩子多久才能回来一次，所以，离别前，父母总要忙活一阵，多做准备。比如母亲会连续多日在油灯前给孩子做衣裳，为孩子收拾行李。孟郊的母亲就是如此。孟郊小时候家境贫寒，但母亲很支持他外出求学。多年后，当了小官的孟郊每每想起那段时光，都十分感激他的母亲。

孟郊生于751年，此时正值大唐盛世的尾声。安史之乱爆发时，孟郊只有五岁。他胆怯、敏感，唯一能让他心安的就是自己的母亲。尽管生活很苦，但母亲依然倾尽全力让孟郊读书。

后来，孟郊挥别家乡，踏上了求学之路。在路上，看到乱世民不聊生的悲惨状况，他痛心疾首。孟郊在今天的江西遇到了茶圣陆羽，两人成为忘年交。他还结识了韦应物等朋友。在去求学的途中，孟郊逐渐变得小有名气。

792 年，孟郊与韩愈共同参加科举考试，年轻的韩愈榜上有名，而中年大叔孟郊却名落孙山，为此孟郊十分难过。逐渐发达的韩愈在大小场合都推荐孟郊，使孟郊很快名声大振。在朋友的鼓励下，第二年，孟郊又前往京城应试，可惜又失败了。这回，他真是心灰意冷。

回到家后，孟郊自暴自弃，茶饭不思，而年迈的母亲一直鼓励他。几年后，孟郊奉母之命再次进京赶考。这一次，他终于榜上有名。放榜当天，四十多岁的孟郊乐得合不拢嘴，恨不得告诉全世界他中榜了。孟郊五十岁时，朝廷终于有了一个溧阳县尉的职位空缺，等了四年的孟郊终于当了一个基层的小官。但对孟郊来说，日子总算安定下来了。

当官的新鲜劲儿过了后，孟郊开始觉得不对劲，他一个文人做这个武官实在是闹心。于是他常常游山玩水，耽误了很多工作。他的上级勃然大怒，以他工作不称职为由，拿走他工资的一半，雇佣别人替他工作。虽然愈发贫困，但孟郊始终不忘故乡的母亲，于是便回乡将母亲接来同住。马上就要跟母亲团聚了，孟郊辗转反侧，天刚亮时就在激动中写下了《游子吟》。

几年后，孟郊去洛阳当官，他的生活条件终于得到了改善。可没过多久，孟郊的孩子相继夭折，挚爱的母亲也去世了，他悲痛欲绝。

幼年丧父，中年丧妻，晚年丧子、丧母的孟郊孤苦伶仃。最终，孟郊在应郑余庆之邀赴任兴元军参谋的途中去世，好友们一起将他安葬在洛阳。

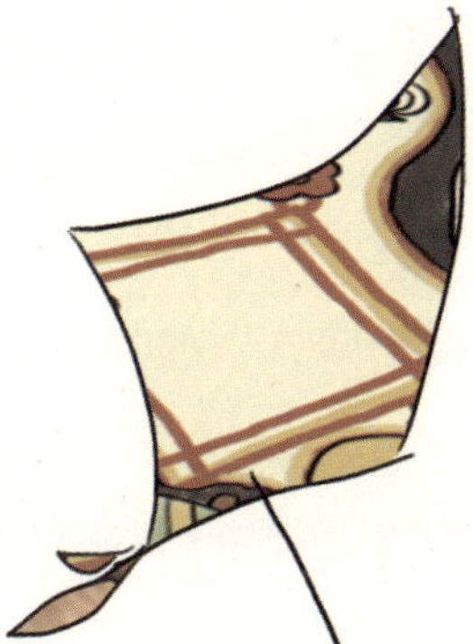

知识小达人

纸鸢

纸鸢就是风筝，是春秋时期的劳动人民发明的，最初为木制，后经鲁班改造为竹制，东汉以后演变为纸风筝。

有时候，故乡是草长莺飞的二月天。

清朝末年，社会动荡不安，都说那是一个十分黑暗的时期。此时，杭州出现了一位小有名气的诗人，他过着闲云野鹤般的生活，不屑于为清政府服务，他就是高鼎。一天下午，他在散步时看到放学的孩子们在放风筝，诗兴大发，写了一首清新的小诗，就是有名的《村居》。

有时候，故乡是许久未讲的家乡话。

中国人都有故乡情，“落叶归根”“荣归故里”就包含着这个意思。中国古代的官员辞职后，回故乡养老的比比皆是。这不，有一位须发斑白的老者回到了阔别五十多年的家乡。他叫贺知章。

贺知章已经八十多岁了，可唐玄宗还舍不得让他离开。要不是因为生了一场大病，贺知章绝没有这次返乡的机会。痊愈后的贺知章多次请辞，唐玄宗只能无奈地答应了。贺知章临行前，唐玄宗在长乐坡大摆宴席，让文武百官都来给贺知章送行，还亲自写了两首赠别诗。送行的场面壮阔而感伤，贺知章不停地向百官挥手作别，但大家谁都不走，送了一程又一程，一直送出了五十里地。“玄宗送行”也成了历史上的一段佳话。

古往今来，做高官的诗人不少，但获如贺知章般殊荣者不多，这得益于贺知章勤勤恳恳的工作态度和他不争不抢、平和稳重的性格。他中状元后，武则天给了他一个不高的官职，他无怨无悔，兢兢业业。后来唐玄宗继位，贺知章遇到了贵人张说，得到了提拔。贺知章时不时不动声色地在唐玄宗面前展示他的智慧，让唐玄宗越来越喜欢他。

有一次，两位大臣因封禅时间在朝廷上吵了起来，唐玄宗觉得双方都有道理，十分头疼。这时候贺知章说："封禅是为了为民祈福，何必拘泥于时间呢？"唐玄宗一听，觉得贺知章真有智慧。

贺知章会做官，更会做人。他生性豪爽，跟李白一样被列为“饮中八仙”之一。杜甫说，有一次贺知章喝醉了骑在马上前俯后仰，好像坐在船上，甚至因为眼睛昏花掉进了枯井中，第二天早上仆人们找到他时，他还没睡醒呢。

贺知章善于发现人才，乐于提拔年轻人。传说李白刚到长安时偶遇当时已享有盛名的贺知章，将自己写的《蜀道难》拿给贺知章看。贺知章一看，十分喜欢，当即请李白喝酒。到了酒馆贺知章才发现没带钱，便把腰上的金饰龟袋解下来当酒钱。自此两个人成了忘年交。

贺知章离开家乡的时候正值青壮年，但是回到家乡的时候已经是耄耋老人。

在村口，贺知章遇到了两个在玩耍的孩子。古时候人口流动不大，村子里的人对彼此都很熟悉。两个孩子见有陌生人来，笑着问："老人家从哪里来呀？"贺知章用家乡话对孩子说："我就是这里的人哪！"两个孩子不太相信，怀疑地看着他。贺知章的《回乡偶书》就记录了这件事。

贺知章的诗写得好，可惜流传下来的只有二十首左右。除了《回乡偶书》，他的《咏柳》也家喻户晓。

贺知章与“草圣”张旭十分要好，他自己的草书也是一绝。据说，贺知章只有喝醉时才写，因此他的字十分难得。“画圣”吴道子看了他的草书后，还拜他为师学写狂草呢！

有人说贺知章命好，出生在开元盛世，到安史之乱时他已经离世。他这一生真可谓是福寿双全，不像李白那样多次被贬，也不像杜甫那样颠沛流离，是诗人中的幸运儿。

有时候，故乡是那壮丽的风光。

南北朝时期，敕勒族人生活在我国阴山附近，他们是原始的游牧民，最早生活在贝加尔湖附近，后来才慢慢迁到阴山一带。

游牧民族性情豪放，他们的故乡是阴山下绿野茫茫的敕勒川，有风吹草低后若隐若现的成群牛羊，有乘着高车、唱着民歌的祭天盛会。他们也将对故乡的情思寄托在如《敕勒歌》这样一首首的诗中。

扫码点读

yóu zǐ yín

游子①吟

[唐] 孟郊

cí mǔ shǒu zhōng xiàn, yóu zǐ shēn shàng yī.
慈母手中线，游子身上衣。

lín xíng mì mì féng, yì kǒng chí chí guī.
临②行密密缝，意恐③迟迟归。

shuí yán cùn cǎo xīn, bào dé sān chūn huī.
谁言寸草④心，报得三春晖⑤。

注释

①游子：离开家乡，在外远游的人，这里指诗人自己。

②临：将要。

③意恐：担心。

④寸草：小草，这里比喻游子。

⑤晖：阳光，这里比喻母爱。

大意

慈母用手中的针线，为即将远行的儿子赶制穿在身上的衣衫。临行前一针针缝得这样细密，怕的是儿子在外迟迟难归而衣服有破损。

谁说儿女像小草一样的孝心，报答得了慈母像春日阳光一样的恩情？

cūn jū
村居

[清] 高鼎

扫码点读

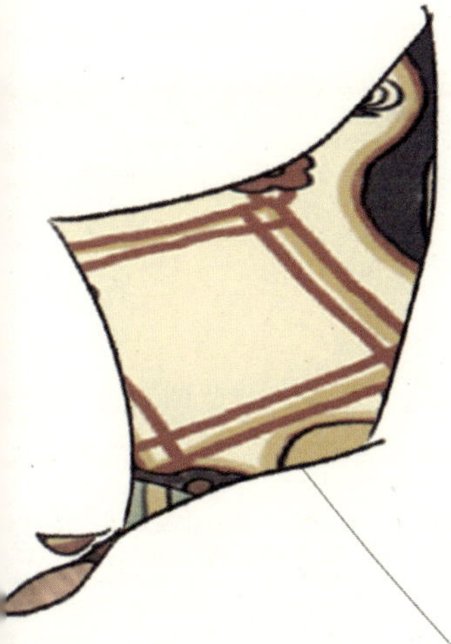

cǎo zhǎng yīng fēi èr yuè tiān
草长莺飞二月天，

fú dī yáng liǔ zuì chūn yān
拂堤杨柳①醉②春烟③。

ér tóng sàn xué guī lái zǎo
儿童散学④归来早，

máng chèn dōng fēng fàng zhǐ yuān
忙趁东风⑤放纸鸢⑥。

注释

①拂堤杨柳：杨柳枝条很长，垂下来，微微摆动，像是在抚摸堤岸。

②醉：迷醉，陶醉。

③春烟：春天的雾气。

④散学：放学。

⑤东风：春风。

⑥纸鸢：一种纸做的形状像老鹰的风筝，这里泛指风筝。鸢，老鹰。

大意

农历二月，村子前后的青草渐渐发芽生长，黄莺飞来飞去。杨柳长长的枝条随风摆动，好像在轻轻地抚摸着堤岸，仿佛也陶醉在了蒙蒙的春烟里。

村里的孩子们早早就放学回家了，他们趁着春风劲吹的时机，把风筝放上蓝天。

huí xiāng ǒu shū qí yī

回乡偶书（其一）

扫码点读

［唐］贺知章

shào xiǎo lí jiā lǎo dà huí

少小①离家老大②回，

xiāng yīn wú gǎi bìn máo cuī

乡音③无改④鬓毛⑤衰⑥。

ér tóng xiāng jiàn bù xiāng shí

儿童相见不相识，

xiào wèn kè cóng hé chù lái

笑问客从何处来。

注释

①少小：小时候。

②老大：年龄大了。

③乡音：家乡的口音。

④无改：没什么变化。

⑤鬓毛：鬓发。

⑥衰：稀疏。

大意

我在年少时候就离开了家乡，到年老了才回来。我的家乡口音没有改变，但鬓发已经疏落。家乡的孩子们看到我都不认识我，笑着问：“客人您是从哪里来的呀？”

huí xiāng ǒu shū (qí èr)

回乡偶书（其二）

[唐] 贺知章

扫码点读

lí bié jiā xiāng suì yuè duō
离别家乡岁月多，

jìn lái rén shì bàn xiāo mó
近来人事半消磨①。

wéi yǒu mén qián jìng hú shuǐ
惟有门前镜湖②水，

chūn fēng bù gǎi jiù shí bō
春风不改旧时波。

注释

①消磨：逐渐消失，改变。

②镜湖：湖名，在今浙江绍兴。

大意

我离开家乡已经很久了，回来后才感觉家乡的人和事变化很大。

只有那家门前镜湖的碧水，在春风吹拂下泛起的波纹还和从前一样。

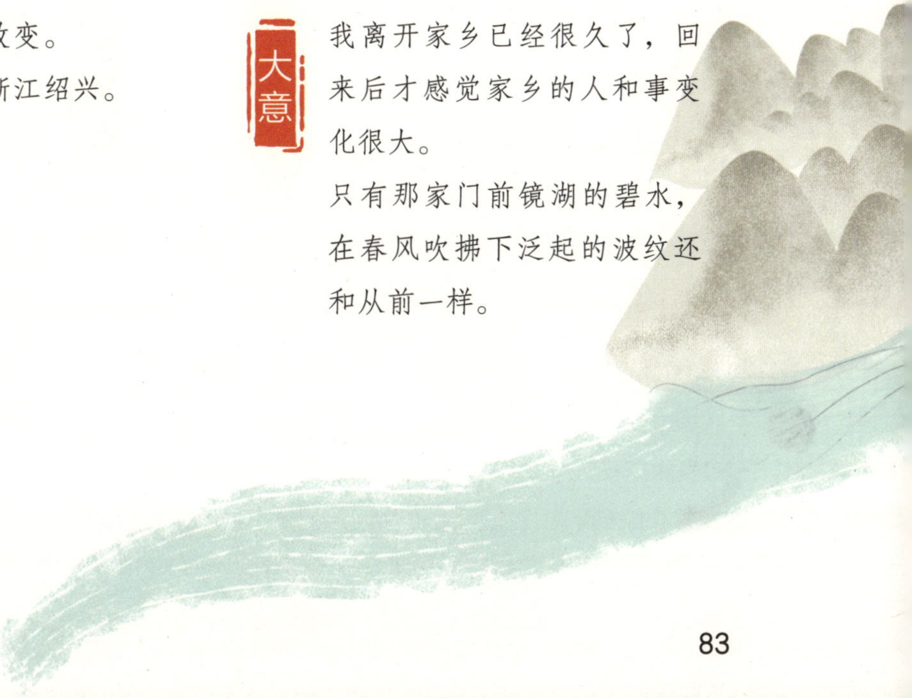

yǒng liǔ
咏柳

扫码点读

［唐］贺知章

bì yù zhuāng chéng yí shù gāo
碧玉①妆②成一树高，

wàn tiáo chuí xià lǜ sī tāo
万条垂下绿丝绦③。

bù zhī xì yè shuí cái chū
不知细叶谁裁④出，

èr yuè chūn fēng sì jiǎn dāo
二月春风似剪刀。

注释

①碧玉：碧绿色的玉，这里用来比喻嫩绿的柳叶。

②妆：装饰，打扮。

③丝绦：用丝线编成的绳带，这里比喻柔嫩的柳条。

④裁：裁剪。

大意

高高的柳树好像是用碧玉装饰而成的，垂下的柳条如千万条飘摇的绿色丝带。不知这纤细的嫩叶是谁裁剪出来的，原来二月里的春风就是那把灵巧的剪刀。

chì lè gē

敕勒歌

北朝民歌

扫码点读

chì lè chuān yīn shān xià

敕 勒 川①， 阴 山② 下，

tiān sì qióng lú lǒng gài sì yě

天 似 穹 庐③， 笼 盖 四 野④。

tiān cāng cāng yě máng máng

天 苍 苍， 野 茫 茫，

fēng chuī cǎo dī xiàn niú yáng

风 吹 草 低 见⑤ 牛 羊。

注释

①川：平川，平原。

②阴山：在今内蒙古自治区。

③穹庐：用毡布搭成的圆顶帐篷。

④四野：草原的四面八方。

⑤见：同“现”，显露。

大意

辽阔的敕勒平原在阴山脚下，天空仿佛广阔的圆顶帐篷，笼罩着四周的原野。

天色苍茫，原野辽阔，当风儿吹过，牧草低伏时，隐没于草丛中的牛羊就显露出来了。

闲话历史

根据古诗的内容主题，可以分为思乡诗、赠别诗、边塞诗、田园诗、咏史怀古诗、咏物诗等。

苏轼在《祭柳子玉文》中道：“元轻白俗，郊寒岛瘦。”意思是说元稹的诗风轻佻，白居易的诗风通俗，孟郊和贾岛的诗风凄苦哀凉。孟郊的诗大多写世态炎凉、民间苦难，故他有“诗囚”之称。

贺知章与张若虚、张旭、包融合称“吴中四士”，与陈子昂、卢藏用等合称“仙宗十友”。不仅如此，贺知章和李白都是有名的“酒仙”。杜甫的《饮中八仙歌》中第一个就说的是贺知章：“知章骑马似乘船，眼花落井水底眠。”所以贺知章可以说是头号“酒仙”。

5.“诗”往何处——

归处

大家好！我是诗精灵“小诗”，这位是我的哥哥“小歌”，我俩一个能说，一个能唱，所以人们常常称呼我们为“诗歌”。我们的家族十分庞大，戏剧、小说、散文等都是我的弟弟妹妹。人们把我们家族称呼为“文体”。我的年龄很大，有几千岁了。跟你们做朋友会让我永葆青春。

我有很多才华横溢的好朋友，比如张志和、卢纶、王翰、陆游等，哎呀，真是不胜枚举。这本书里也写了不少关于他们的故事。

因为篇幅原因，我不能把他们波澜壮阔的一生尽数写完。现在我带着你们来看看我的其他朋友的趣事吧！

有一次我在乐游原的时候，碰巧遇到了才子李商隐。我陪着他在那里看夕阳，一直到天黑才回家。那次，李商隐写下了《登乐游原》。

李商隐不到十岁时，父亲就去世了。李商隐能写一手好字，因此他早年靠替别人抄书赚钱养家。后来，王茂元赏识他的才华，还将女儿许配给他。

但这并不是什么好事，因为他的岳父是“李党”，而他的老师是“牛党”，这导致李商隐一辈子都在“牛李党争”的夹缝中生存，没当多大官，可惜了一身的才学。

幸运的是，李商隐与他的妻子王氏十分相爱。虽然李商隐因为工作不得不全国各地跑，但妻子始终理解他，支持他，鼓励他。这不仅让李商隐心情舒畅，还给了他不少灵感。妻子去世时，他十分难过。若干年后想起妻子，他还为她写诗。

还有一次我听说朋友刘禹锡写了一首《乌衣巷》，就去金陵逛了逛。走进巷口，没有看见穿黑衣的人。打听了一下，才知道“乌衣巷”名称的由来还有几种不同的说法。

有的人说，三国时期东吴军队曾驻扎在这里，他们穿着黑色的军服出入，因此人们称这个地方为“乌衣巷”。还有的人说，东晋时期贵族王家和谢家居住在这个巷子里，他们两家人为了彰显身份的尊贵，专门穿黑衣，所以大家称这里为“乌衣巷”。还有一种说法是，有一位叫王榭的商人娶了乌衣国的女子，并给巷子取名为“乌衣巷”。

刘禹锡很喜欢自己的这首《乌衣巷》，白居易也很喜欢。白居易听到这首诗后，摇头晃脑地反复吟诵，不停地赞叹：“好诗，好诗啊！”金陵也就是今天的南京，这里可不一般，“六朝金粉地，十里秦淮河”是它闪光的名片。

偶尔我也喜欢凑个热闹，去看看歌舞表演。那是南宋时期的某一天，我在西湖边上看表演，遇到了一位叫林升的诗人。他看起来情绪低落，看表演也心不在焉。后来他回到旅店，在旅店的墙壁上写下了《题临安邸》。当时文人都喜欢在旅馆的墙壁上写诗，掌柜们也很欢迎文人们来写诗。

不过可不是所有写在墙壁上的诗都能被保留，因为每天写诗的人太多，掌柜们往往只留下写得好的，或者有名气的文人写的。至于其他的作品，不好意思，就被白灰遮盖住了。

我在西湖边上遇到的朋友可真不少。比如苏轼任杭州通判的时候，闲暇时就去西湖游览。那天，他坐在船上看湖光山色，心满意足后就去望湖楼喝酒。他心情格外好，喝得有点醉了。不过大诗人们就有这样的本领，醉了也完全不影响发挥。苏轼趁着酒劲儿，一口气写下了包括《题西林壁》在内的五首诗。

过了几年，苏轼仕途不顺，连连被贬。不过这也让他得以遍访名山大川。在去被贬之地的路上，苏轼途经庐山就顺便游览了一番。在登山的途中，他看着雄伟壮阔的庐山，思索片刻，有感而发。他想：看同一处景色，不同的人感受是完全不同的；站在不同的角度，所看到的也是不同的。就这样，他一边欣赏景色，一边琢磨出一些哲理。

你看，当我们去观察一些名人的人生轨迹时，总会在他们的才华和名声背后，看到隐藏着的苦难和艰辛。

现在我们出去旅游大多是拍拍照，吃吃特色美食，古人则会通过各种方式把美景记录下来，要么作诗，要么画画。当时的文人还喜欢把诗词写在墙壁上，也就是“题壁诗”。跟古人相比，我们真是太缺乏情趣了。

今天的山西省永济市有一座鹳雀楼，自从王之涣在那里写了一首《登鹳雀楼》后，那里就成了后代文人“秀才华、斗功夫”的赛诗楼。

有一些景致因秀美而吸引着文人前往，还有一些景致因文人的诗词而名满天下。苏州的枫桥和寒山寺便是后者。张继是唐朝的一位才子，留下的诗篇不足五十篇。尽管数量不多，但其中一首《枫桥夜泊》却成了如今学习唐诗的必选作品，连亚洲其他国家的人都争抢着学习。现在去枫桥能不能看到渔火，听到乌啼，这不好说，但这首诗的意境是绝美的。人们读着读着，脑海中就出现了一幅画。

爱国诗人辛弃疾也写了一首题壁诗。那是 1175 年至 1176 年间，辛弃疾任江西提点刑狱，经常到湖南、江西等地巡查。有一次，他来到造口，俯瞰着滔滔江水，思绪万千，于是在墙壁上写下了一首《菩萨蛮·书江西造口壁》。

我的朋友中还有女诗人，比如因为爱国而不惧死亡的女中豪杰李清照。

李清照出生于一个爱好文学艺术的士大夫家庭。她从小受家学熏陶，加上天资聪颖，所以“自少年便有诗名，才力华赡，逼近前辈”，曾受到当时的文坛名家、苏轼的大弟子晁补之的大力称赞。

李清照曾与赵明诚结为夫妻。当时，李清照与丈夫赵明诚的感情还是不错的。在太学读书的赵明诚，当初一、十五告假回家与妻子团聚时，常先到当铺典质几件衣物，换一点钱再回家。然后二人一齐步入热闹的相国寺市场，买一些他们所喜爱的碑文，夫妇“相对展玩咀嚼”。后两年，赵明诚进入仕途，虽有了独立的经济来源，但夫妇二人仍然过着非常俭朴的生活，并且立下了“穷遐方绝域，尽天下古文奇字之志”。

知识小达人

金石

赵明诚与李清照喜欢研究前朝的铜器和碑石。这类研究叫作金石学，是如今考古学的前身。

1127 年，金兵入侵中原，砸烂宋王朝的琼楼玉苑，掳走了宋徽宗、宋钦宗父子，北宋灭亡。

后来，在一次动乱中，李清照的丈夫赵明诚不敢平叛，反而临阵脱逃。李清照为此感到耻辱，但也无计可施。在他们路过乌江时，李清照实在憋不住心中的怒气，创作了《夏日绝句》。

《夏日绝句》展现了李清照对生死的看法，即活着就应当做人中豪杰，死也要死得堂堂正正。作为一名女子，李清照展现出不逊须眉的豪气与傲骨。

李清照四十多岁的时候，丈夫赵明诚去世了。祸不单行，有一天夜里，她与丈夫毕生的收藏被小偷偷走了。

丈夫死后的第三年，李清照嫁给了张汝舟。但婚后不久，张汝舟就露出了市侩面目。李清照不得已只好状告张汝舟当官的履历造假，并提出离婚，但这又违背了当时“亲亲相隐”的规定，于是李清照被判入狱。（对于李清照再婚这件事，后世学者有争议）

虽然经历了一场再嫁匪人、离异系狱的灾难，但是李清照的意志并未消沉，诗词创作的热情反而更趋高涨。她从个人的痛苦中解脱出来之后，将眼光投到国家大事上，写出了“欲将血泪寄山河，去洒东山一抔土”之句。

知识小达人

亲亲相隐

亲亲相隐是我国封建社会旧律规定的一种原则：亲属之间相互隐瞒某些法定罪行可不论罪或减刑，该隐却不隐的要处刑。这是为了维护宗法伦理和家族制度。

1143 年前后，李清照在赵明诚完成了大部分写作的《金石录》的基础上进行续写并校勘整理，完成后进献朝廷。约在 1155 年，李清照怀着对死去亲人的绵绵思念和对故土难归的无限失望，在极度孤苦和凄凉中悄然辞世。

dēng lè yóu yuán

登乐游原①

［唐］李商隐

扫码点读

xiàng wǎn yì bú shì
向晚②意不适③，

qū chē dēng gǔ yuán
驱车登古原④。

xī yáng wú xiàn hǎo
夕阳无限好，

zhǐ shì jìn huáng hūn
只是近⑤黄昏。

注释

①乐游原：在长安（今西安）城南，地势较高，是当时的游览胜地。

②向晚：傍晚。

③不适：不悦，不快。

④古原：指乐游原。

⑤近：快要。

大意

傍晚时分我心情不太好，便独自驱车登上了乐游原。

这夕阳晚景的确十分美好，可惜已快要黄昏。

wú tí

无题①

扫码点读

[唐] 李商隐

xiāng jiàn shí nán bié yì nán, dōng fēng wú lì bǎi huā cán

相见时难别亦难，东风②无力百花残③。

chūn cán dào sǐ sī fāng jìn, là jù chéng huī lèi shǐ gān

春蚕到死丝④方尽，蜡炬⑤成灰泪⑥始干。

xiǎo jìng dàn chóu yún bìn gǎi, yè yín yīng jué yuè guāng hán

晓镜⑦但愁云鬓⑧改，夜吟⑨应觉月光寒⑩。

péng shān cǐ qù wú duō lù, qīng niǎo yīn qín wèi tàn kàn

蓬山⑪此去无多路，青鸟⑫殷勤⑬为探看⑭。

注释

①无题：唐代以来，诗人不想表明主题时，常用“无题”作为诗的标题。

②东风：春风。

③残：凋零。

④丝：丝与“思”同音，这里指相思之意。

⑤蜡炬：蜡烛。

⑥泪：燃烧时的蜡烛油，这里指相思的眼泪。

⑦晓镜：早晨梳妆照镜子。这里的“镜”用作动词，指照镜子。

⑧云鬓：女子多而美的头发，这里比喻青春年华。

⑨夜吟：夜间吟诗。

⑩月光寒：指夜渐深。

⑪蓬山：蓬莱山，传说中的海上仙山，这里借指对方的住处。

⑫青鸟：神话中为西王母传递音信的信使。

⑬殷勤：情谊恳切深厚。

⑭探看：探望。

大意

相见很难，离别更难，何况在这东风无力、百花凋谢的暮春时节。

春蚕结茧到死时丝才吐完，蜡烛要烧成灰烬时像泪一样的蜡油才能滴干。

早晨梳妆照镜子，只担忧如云的鬓发改变颜色，青春年华不再。长夜独自吟诗，必然感到夜渐深，月光清寒。

蓬莱山离这儿不算太远，却无路可通，烦请青鸟为我殷勤地探看。

wū yī xiàng

乌衣巷

[唐] 刘禹锡

扫码点读

zhū què qiáo biān yě cǎo huā
朱雀桥① 边野草花，

wū yī xiàng kǒu xī yáng xié
乌衣巷口夕阳斜。

jiù shí wáng xiè táng qián yàn
旧时② 王谢③ 堂前燕，

fēi rù xún cháng bǎi xìng jiā
飞入寻常④ 百姓家。

注释

①朱雀桥：位于今南京市的一座桥，紧邻乌衣巷。

②旧时：晋代。

③王谢：此处指晋代王、谢两大家族，唐朝以后衰落。

④寻常：平常。

大意

朱雀桥边长满野草野花，夕阳斜照，乌衣巷口一派断壁残垣。当年在王导、谢安的家的房檐下筑巢的燕子，如今已飞进寻常百姓家。

zhú zhī cí qí yī

竹枝词①（其一）

扫码点读

[唐] 刘禹锡

yáng liǔ qīng qīng jiāng shuǐ píng
杨柳青青江水平，
wén láng jiāng shàng chàng gē shēng
闻郎江上唱歌声。
dōng biān rì chū xī biān yǔ
东边日出西边雨，
dào shì wú qíng què yǒu qíng
道是无晴②却有晴。

注释

①竹枝词：乐府近代曲名。又名“竹枝”。原为四川东部一带民歌，唐代诗人刘禹锡根据民歌创作新词，多写男女爱情和三峡的风情，流传甚广。后代诗人多以“竹枝词”为题写爱情和乡土风俗。其形式为七言绝句。

②晴：与“情”谐音，也写作“情”。

大意

岸上杨柳青青，江中风平浪静，忽然江上舟中传来男子的唱歌声。东边出太阳，西边落雨，你说它不是晴天吧，它又是晴天。

扫码点读

tí lín ān dǐ
题临安①邸②

[宋] 林升

shān wài qīng shān lóu wài lóu,
山外青山楼外楼，

xī hú gē wǔ jǐ shí xiū
西湖③歌舞几时休④？

nuǎn fēng xūn dé yóu rén zuì
暖风熏⑤得游人醉，

zhí bǎ háng zhōu zuò biàn zhōu
直⑥把杭州作汴州⑦。

注释

①临安：南宋的都城，今浙江杭州。

②邸：旅店。

③西湖：杭州的著名风景区。

④几时休：什么时候停止。

⑤熏：吹，用于描写温暖馥郁的风。

⑥直：简直。

⑦汴州：即汴梁，北宋的都城，今河南开封。

大意

远处青山叠翠，近处楼台重重，西湖的歌舞何时才会停止？和煦的暖风吹得享乐的贵人们陶醉不已，他们简直是把偏安的杭州当成了昔日的汴州。

tí xī lín bì

题西林壁[1]

[宋] 苏轼

扫码点读

héng kàn chéng lǐng cè chéng fēng

横看[2]成岭侧[3]成峰，

yuǎn jìn gāo dī gè bù tóng

远近高低各不同[4]。

bù shí lú shān zhēn miàn mù

不识[5]庐山真面目，

zhǐ yuán shēn zài cǐ shān zhōng

只缘[6]身在此山[7]中。

注释

①题西林壁：写在西林寺的墙壁上。题，题写。西林，指西林寺，在江西庐山脚下。

②横看：从山的正面看。

③侧：侧面。

④各不同：各不相同。

⑤不识：无法辨识。

⑥缘：因为。

⑦此山：这座山，指庐山。

大意

庐山从正面看是蜿蜒的山岭，从侧面看是险峻的高峰。从远近高低不同的视角观察，看到的庐山的形态也各不相同。

之所以无法辨识庐山真正的面目，正是因为我身处在庐山之中。

liù yuè èr shí qī rì wàng hú lóu zuì shū
六月二十七日望湖①楼醉书②

扫码点读

[宋] 苏轼

hēi yún fān mò wèi zhē shān
黑云翻墨③未遮④山，

bái yǔ tiào zhū luàn rù chuán
白雨⑤跳珠⑥乱入船。

juǎn dì fēng lái hū chuī sàn
卷地风来⑦忽⑧吹散，

wàng hú lóu xià shuǐ rú tiān
望湖楼下水如天⑨。

注释

①望湖楼：位于杭州西湖畔，又叫看经楼。

②醉书：喝酒时写下的作品。

③翻墨：打翻的黑墨水，形容云层很黑。

④遮：遮盖，遮挡。

⑤白雨：指夏日的阵雨在湖光山色的衬托下，显得白而透明。

⑥跳珠：跳动的珍珠，形容雨大势急。

⑦卷地风来：指狂风席地卷来。

⑧忽：突然。

⑨水如天：形容湖面像天空一样开阔而平静。

大意

翻滚的乌云像泼洒的墨汁，却并没有完全遮住山峦，白花花的雨点似珍珠般乱蹦上船。忽然间卷地而来的狂风吹散了满天的乌云，望湖楼下的湖水像天空一样开阔而平静。

dēng guàn què lóu
登鹳雀楼①

［唐］王之涣

扫码点读

bái rì yī shān jìn
白日②依③山尽④，

huáng hé rù hǎi liú
黄河入海流。

yù qióng qiān lǐ mù
欲⑤穷⑥千里目，

gèng shàng yì céng lóu
更⑦上一层楼。

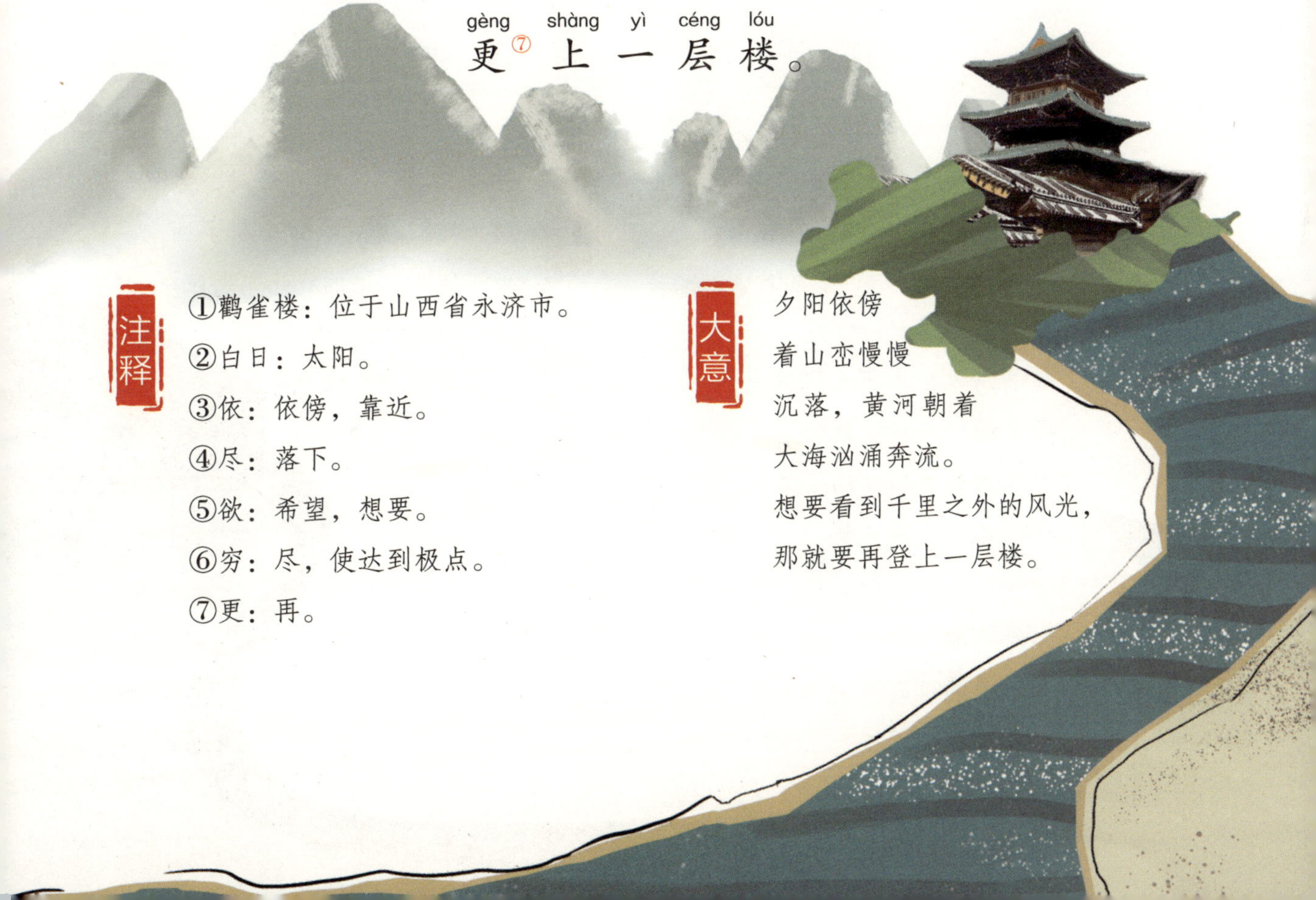

注释

①鹳雀楼：位于山西省永济市。

②白日：太阳。

③依：依傍，靠近。

④尽：落下。

⑤欲：希望，想要。

⑥穷：尽，使达到极点。

⑦更：再。

大意

夕阳依傍着山峦慢慢沉落，黄河朝着大海汹涌奔流。想要看到千里之外的风光，那就要再登上一层楼。

扫码点读

fēng qiáo yè bó

枫桥①夜泊②

［唐］张继

yuè luò wū tí shuāng mǎn tiān

月落乌啼③霜满天④，

jiāng fēng yú huǒ duì chóu mián

江枫⑤渔火⑥对愁眠⑦。

gū sū chéng wài hán shān sì

姑苏⑧城外寒山寺⑨，

yè bàn zhōng shēng dào kè chuán

夜半钟声到客船。

注释

①枫桥：在今苏州。

②夜泊：夜间把船停靠在岸边。

③乌啼：一说为乌鸦啼鸣，一说为乌啼镇。

④霜满天：形容天气寒冷。

⑤江枫：江边的枫树。

⑥渔火：渔船上的灯火。

⑦对愁眠：伴愁眠。

⑧姑苏：苏州的别称。

⑨寒山寺：枫桥附近的一座寺庙，唐代诗人寒山曾住于此。

大意

月亮已落下，乌鸦啼叫，寒气满天。江边的枫树与船上的渔火，伴着孤独的我忧愁而眠。姑苏城外那寒山古寺，半夜里敲响的钟声传到了我乘坐的客船里。

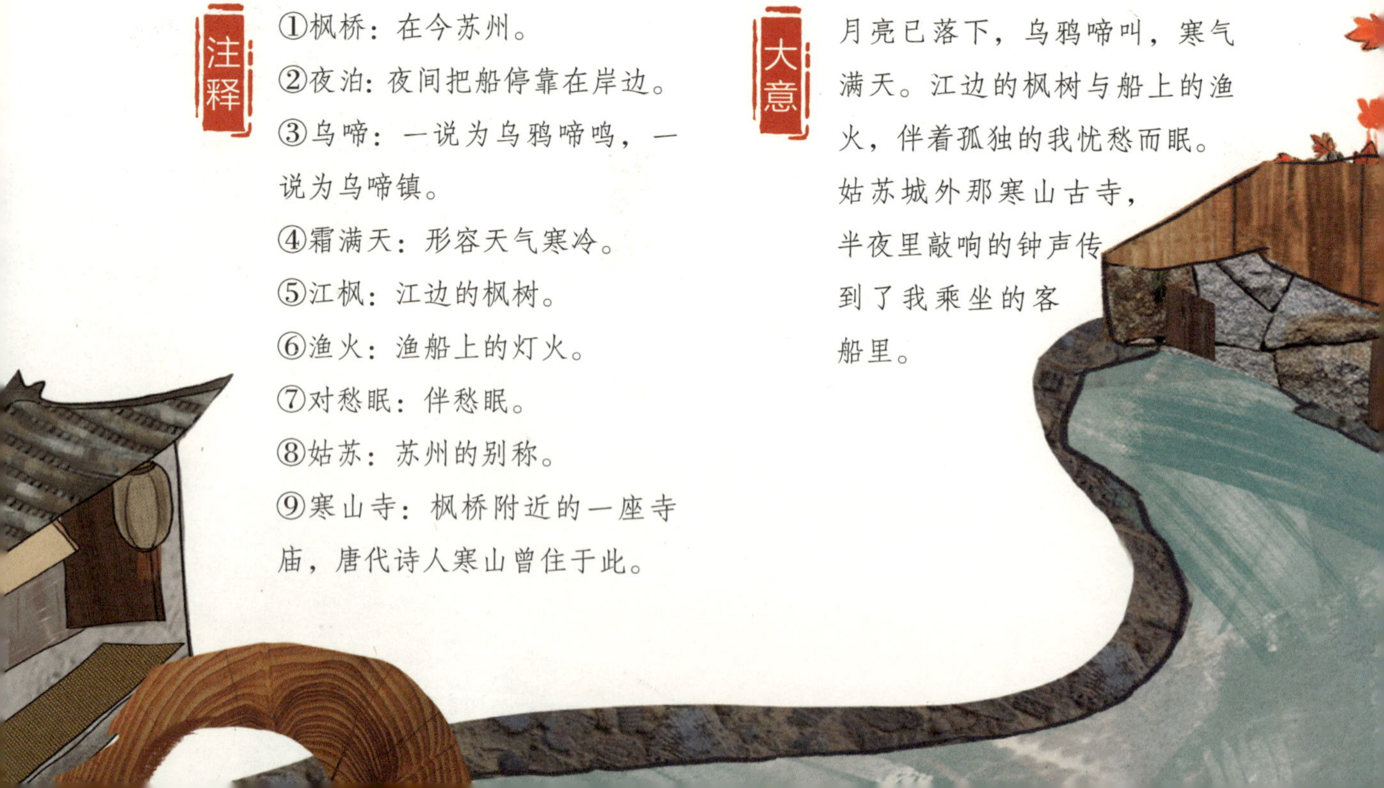

pú sà mán shū jiāng xī zào kǒu bì

菩萨蛮[1]·书江西造口[2]壁

[宋] 辛弃疾

扫码点读

yù gū tái xià qīng jiāng shuǐ, zhōng jiān duō shǎo xíng rén lèi. xī

郁孤台[3]下清江[4]水，中间多少行人泪。西

běi wàng cháng ān, kě lián wú shù shān. qīng shān zhē bú zhù,

北望长安[5]，可怜[6]无数山。青山遮不住，

bì jìng dōng liú qù. jiāng wǎn zhèng chóu yú, shān shēn wén zhè gū.

毕竟东流去。江晚正愁余[7]，山深闻鹧鸪[8]。

注释

①菩萨蛮：词牌名。

②造口：一名皂口，在今江西万安南六十里处。

③郁孤台：今江西赣州西北，又称望阙台。

④清江：赣江与袁江合流处，旧称清江。这里指赣江。

⑤长安：今陕西西安，为汉唐故都。这里指沦于敌手的宋朝都城汴京。

⑥可怜：可惜。

⑦愁余：使我发愁。

⑧鹧鸪：鸟名，啼声凄苦。

大意

郁孤台下这赣江的流水中，有多少苦难之人的眼泪。

我举头远眺西北的长安，可惜只看到无数青山。

但青山怎能挡住江水？浩浩江水终向东流去。

夕阳落江，我徘徊着，正愁绪满怀，听到深山里传来鹧鸪的悲鸣。

xià rì jué jù
夏日绝句

扫码点读

［宋］ 李清照

shēng dāng zuò rén jié
生当作人杰①，

sǐ yì wéi guǐ xióng
死亦为鬼雄②。

zhì jīn sī xiàng yǔ
至今思项羽③，

bù kěn guò jiāng dōng
不肯过江东④。

注释

①人杰：人中的豪杰。

②鬼雄：鬼中的英雄。

③项羽：秦亡后，自立为西楚霸王，与刘邦争夺天下，在垓下之战中兵败自杀。

④江东：项羽当初随叔父项梁起兵的地方。

大意

人生在世要做人中的豪杰，死后也应是鬼中的英雄。

到今天人们还在怀念项羽，因为他不肯苟且偷生，退回江东。

闲话历史

写在墙上的诗叫“题壁诗”。题壁诗始于两汉时期，盛于唐宋。到了宋代，邮亭壁、驿墙、寺庙墙壁等处多见题壁诗，叫人目不暇接。

就拿寒山寺来说吧，题壁诗达六百首之多。将诗题在墙上的好处是方便，坏处是不易保存。

苏轼和弟弟苏辙感情很好。苏轼的很多诗词都表达了一个中心思想：想念弟弟。很多人不知道，《水调歌头》中“明月几时有”前面还有“兼怀子由”，“子由”就是苏轼的弟弟苏辙。苏轼一边想着弟弟，一边写下这篇流传千古的巅峰词作。后来苏轼因乌台诗案入狱，他以为这次自己死定了，于是写了诗给弟弟，其中两句为：与君今世为兄弟，又结来生未了因。至于苏辙，可以说为哥哥操碎了心，不仅得为了保护哥哥而努力工作以求升官，还得帮入狱的哥哥照顾家人。一次，他俩各自走在“贬途”上，偶然在路上遇见后一同前行，却也能像去旅行一样开心。

图书在版编目（CIP）数据

藏在历史里的古诗词．4 / 刘鹤著；麦芽文化绘
．— 2 版．— 成都：四川教育出版社，2022.9
ISBN 978-7-5408-8364-5

Ⅰ．①藏…　Ⅱ．①刘…　②麦…　Ⅲ．①古典诗歌－中国－中小学－教学参考资料　Ⅳ．① G634.303

中国版本图书馆 CIP 数据核字（2022）第 154393 号

CANG ZAI LISHI LI DE GUSHICI 4

藏在历史里的古诗词 4

刘鹤◎著　麦芽文化◎绘

出品人　雷　华
责任编辑　任　舸
责任校对　刘　丹
责任印制　田东洋
封面设计　春浅浅
出版发行　四川教育出版社
地　址　四川省成都市锦江区三色路 266 号新华之星 A 座
邮政编码　610023
网　址　www.chuanjiaoshe.com
印　刷　三河市祥达印刷包装有限公司
版　次　2022 年 9 月第 2 版
印　次　2022 年 9 月第 1 次印刷
开　本　720mm × 787mm　1/12
印　张　10.5
书　号　ISBN 978-7-5408-8364-5
定　价　128.00 元（全 4 册）